Dra. Caren Fernanda Muraro

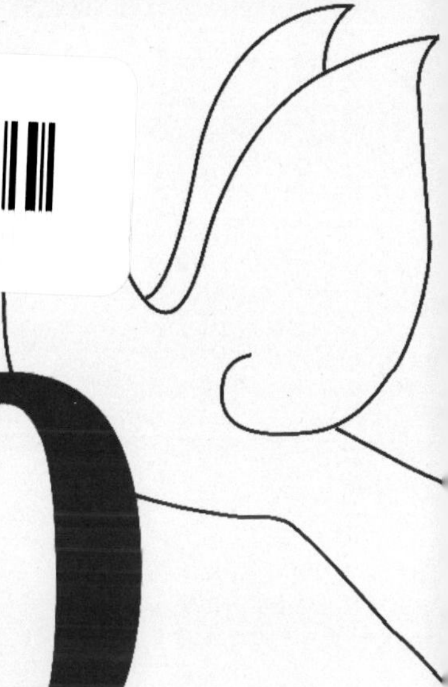

AS 10 PODEROSAS SOFT SKILLS DE JESUS

Torne-se um **profissional extraordinário** com um **método exclusivo** e as **características comportamentais** do **maior líder** de nossa história.

Copyright© 2024 by Literare Books International
Todos os direitos desta edição são reservados à Literare Books International.

Presidente do conselho:
Mauricio Sita

Presidente:
Alessandra Ksenhuck

Vice-presidentes:
Claudia Pires e Julyana Rosa

Diretora de projetos:
Gleide Santos

Capa:
Raul Corrêa de Vargas Junior

Projeto gráfico e diagramação:
Candido Ferreira Jr.

Revisão:
Ivani Rezende

Impressão:
Gráfica Paym

Dados Internacionais de Catalogação na Publicação (CIP)
(eDOC BRASIL, Belo Horizonte/MG)

M972d Muraro, Caren Fernanda.
As 10 poderosas soft skills de Jesus / Caren Fernanda Muraro. – São Paulo, SP: Literare Books International, 2024.
168 p. : 14 x 21 cm

Inclui bibliografia
ISBN 978-65-5922-814-0

1. Carreira. 2. Competências. 3. Jesus Cristo – Ensinamentos. I. Título.

CDD 658.3125

Elaborado por Maurício Amormino Júnior – CRB6/2422

Literare Books International.
Alameda dos Guatás, 102 – Saúde– São Paulo, SP.
CEP 04053-040
Fone: +55 (0**11) 2659-0968
site: www.literarebooks.com.br
e-mail: literare@literarebooks.com.br

Sumário

Apresentação 5

    Capítulo 1 13
    A caminhada

    Capítulo 2 23
    Entendendo a importância das nossas *soft skills*

    Capítulo 3 45
    O método

    Capítulo 4 93
    Seja imparável assim como Jesus foi

Referências 159

Anexo 163
Faça sua reflexão

APRESENTAÇÃO

Com este livro, descobriremos as chaves que nos ajudarão a abrir os cadeados que estão bloqueando nosso progresso em direção a níveis profissionais mais elevados. É um fato que todo ser humano carrega um potencial imenso, mas muitas vezes esse entendimento é desconhecido ou subestimado. Portanto, o propósito desta obra é apresentar um método simples e eficiente que permitirá às pessoas e profissionais transformarem o seu potencial em potência. Ao seguir o passo a passo do método no Capítulo 3 e ao entender, as 10 chaves poderosas (características) do modelo de liderança de Jesus no Capítulo 4, você será capaz de superar os obstáculos que possam estar impedindo seu progresso em sua vida pessoal e carreira profissional. O livro apresenta uma análise detalhada das habilidades comportamentais (*soft skills*) de Jesus, que o tornaram o maior exemplo de liderança em nossa história.

Ao contrário do que muitos pensam, modelar as *soft skills* (habilidades comportamentais) de Jesus para alcançar um verdadeiro senso de liderança é algo simples e fácil de colocar em prática. No entanto, para que isso se torne possível, os profissionais precisam aprender a se conhecer, desenvolvendo e potencializando essas habilidades. Ao longo desta leitura, entenderemos quais são os pilares dessas habilidades, bem como a importância de desenvolvê-las, e por que é essencial potencializá-las se desejamos elevar nosso nível no "jogo" da vida.

Por meio de estudos, experimentações, análise e prática ao longo de um período de 24 anos, observando as ações, movimentos e palavras de Jesus, desenvolvi um método que não apenas nos auxilia a nos tornarmos pessoas melhores e mais humanas, mas também a elevar nosso nível de habilidades comportamentais. Isso nos capacita a nos tornar pessoas e profissionais mais ágeis, estratégicos e íntegros em nossa conduta ética.

Independentemente da religião de cada pessoa, é indiscutível que o modelo de liderança de Jesus é o mais assertivo e gerou os melhores resultados em todos os aspectos, mesmo diante de situações de extrema pobreza e dificuldade, tanto do líder quanto de seus liderados. Observando os movimentos e ações de Jesus, é possível interpretar que sua liderança era apoiada não somente por um propósito forte, mas também por valores e princípios incorruptíveis. Sem dúvida alguma, os resultados do seu modelo de liderança, apoiados por uma conduta impecável, fizeram com que, mesmo depois de 2 mil anos, a sua figura ainda exerça um impacto tão profundo nas pessoas, levando-as a mudar seu comportamento. O número crescente de seguidores aponta que ele até hoje é um dos maiores líderes e influenciadores que a história da humanidade já presenciou.

O modelo de liderança de Jesus ainda hoje passa por inúmeras redescobertas, ou seja, quanto mais estudamos, mais aprendemos diariamente sobre e com ele.

Muitos ainda não entenderam a importância e o impacto que um líder tem na vida de seus liderados, cujo impacto pode ser tanto para construir como para destruir a vida de uma pessoa. E tenham certeza de que líderes que se posicionam com arrogância, se colocando acima de seus liderados, humilhando e ferindo pessoas por atitudes e palavras não pensadas já não são mais aceitos em nosso modelo de mercado atual; com certeza, esses líderes estão com os dias contados. Precisamos aprender com Jesus que, mesmo sendo o Messias que todos esperavam, sempre se colocava em posição de muita escuta ativa e empatia pelo próximo, até mesmo diante da vida pessoal de seus liderados.

É fato que todo e qualquer líder precisa constantemente gerenciar os mais diferentes tipos de conflitos e situações, e antes de ajudar a sua equipe, é fundamental que ele mesmo possua autoconhecimento e autopercepção de sua própria pessoa. Não há como um líder alcançar uma equipe com excelência de resultados sem primeiro aprender a observar e conhecer a si próprio; somente assim será possível se tornar um facilitador e inspirador para os outros.

Também é importante entendermos que somos líderes em diversas situações, o tempo todo, seja dentro de nossa casa com nossa família e familiares, ou liderando a nossa própria vida. Diante dessa linha de raciocínio, podemos interpretar que somos líderes o tempo todo. Portanto, é necessário e urgente seguirmos firmes em uma jornada de desenvolvimento pessoal para despertar e aprimorar o líder que habita em cada um de nós.

Na minha opinião, após tanto estudar e buscar meu desenvolvimento pessoal, posso afirmar que, quando pensamos em um mundo melhor, é necessário que cada ser humano busque compreender e seguir o modelo de liderança de Jesus. Dessa forma, podemos nos tornar pessoas mais humanizadas, estratégicas e com uma conduta ética em constante aperfeiçoamento. Ressalto, ainda, a importância de desenvolver o espírito de liderança não apenas nos profissionais que ocupam cargos de liderança nas organizações, mas em todos os colaboradores. Compreender esse movimento pode fazer uma diferença significativa nos resultados almejados por essas organizações. Além disso, aprimorar nosso senso de liderança é fundamental para nos relacionarmos em grupos sociais, contextos familiares e outros ambientes. Reconhecer que ser líder manifesta uma *performance* capaz de influenciar pessoas e apoiá-las a se tornarem inspiradoras de outras, criando, assim, uma corrente do bem.

A ideia central que permeia este livro se dará, por meio do **método PnSs** (Potencializando nossas *Soft Skills*), pesquisas, artigos e livros já publicados, transmitir ao leitor como alcançar, de forma prática e simples, as 10 características identificadas no modelo de liderança de Jesus.

Usamos a figura de Jesus Cristo como exemplo aqui devido à sua crescente dimensão de seguidores até os dias atuais. Ele se tornou um exemplo político, de postura e comportamento para pessoas de diferentes faixas etárias e contextos situacionais. Por essa razão, ao longo deste livro, também são apresentados trechos de passagens descritas nas escrituras (Bíblia) que retratam os movimentos e ações de Jesus em sua liderança.

Segundo o livro de João 13:16-20, depois de lavar os pés dos discípulos,

Jesus lhes disse:

"Em verdade vos digo: o servo não está acima do teu senhor e o mensageiro não é maior que aquele que te enviaste. Se sabeis isto, e o puserdes em prática, sereis felizes".

Capítulo 1

A CAMINHADA

Neste capítulo, vou compartilhar uma parte da minha história de vida que serviu de base para a criação do método que potencializa as nossas *soft skills* (habilidades comportamentais). É fundamental ressaltar que esse método nos permite adquirir habilidades de maneira mais rápida e eficaz, proporcionando o suporte necessário para avançarmos em nossas carreiras e alcançarmos outros níveis profissionais.

Capítulo 1

Foi em um episódio da trajetória que vou descrever a seguir que descobri o quanto estava sufocando minha habilidade mais desenvolvida, meu potencial máximo. Todos nós possuímos um dom, uma vocação, um talento, ou seja, uma habilidade ligeiramente mais desenvolvida do que outras. No entanto, é necessário um autoconhecimento profundo para descobri-la, potencializá-la e utilizá-la a nosso favor, possibilitando assim avançar rapidamente em nossas carreiras. Portanto, prepare-se para fazer comigo uma imersão na minha história, que compartilharei a seguir. Espero sinceramente que ela o inspire a dar o próximo passo, de modo que, assim como eu, você também adquira a autoconsciência necessária sobre eventos e circunstâncias que moldam sua vida.

O PEN DRIVE DE OURO QUE ME TIROU DO QUARTO ESCURO

Para que você compreenda esta história, preciso começar contando o que aconteceu há muitos anos, em uma cidade na serra gaúcha, onde nasci. Em 2000, ano da minha formatura, iniciei minha jornada profissional nesta cidade. Na época, eu era muito jovem; aos 22 anos, já assumia um cargo de liderança como coordenadora. Aos 25 anos, após obter duas especializações e dedicar-me a estudar e

A caminhada

praticar diariamente o modelo de liderança de Jesus, assumi o cargo de diretora executiva no maior complexo esportivo da região. Esse complexo era composto por um espaço de 16 mil m², quatro andares, duas piscinas, 45 colaboradores e 800 clientes ativos. No entanto, a empresa estava enfrentando sérios problemas financeiros.

Foi então que compreendi que o convite para essa posição vinha com uma grande missão: quitar as dívidas, aumentar o número de clientes ativos e sua fidelidade e, assim, tornar a empresa lucrativa, transformando o cenário financeiro. Tenho certeza de que nenhum dos colaboradores ou clientes ativos desejava ver aquele local fechar as portas. No primeiro mês, implementamos uma estratégia que consistia em alterar o modelo de contratação de serviços pelos clientes. Nesse novo formato, os clientes poderiam utilizar todo o espaço por um valor único, o que fez uma grande diferença, permitindo-nos já não mais operar no vermelho.

Nos 3 meses seguintes, conseguimos pagar os salários atrasados e quitar as dívidas pendentes. Isso nos permitiu limpar o nome da empresa no mercado e restaurar a credibilidade. Simultaneamente à implementação desse novo modelo de contratação de serviços, também buscamos parcerias para terceirizar espaços, como para serviços de fisioterapia e alimentação saudável, bem como outras estraté-

Capítulo 1

gias para atrair novos clientes. No entanto, percebi que essas ações, por si só, não eram suficientes para conquistar a fidelidade dos clientes existentes e atrair novos. Era evidente que algo mais precisava ser feito. Foi nesse momento que compreendi a necessidade de fornecer treinamento especializado para os 45 colaboradores que trabalhavam no local. No entanto, a empresa não dispunha dos recursos financeiros necessários para contratar treinamentos externos. Decidi, então, criar treinamentos por conta própria para todos os funcionários, independentemente do setor ou cargo. Todos esses treinamentos tinham como foco o desenvolvimento de suas habilidades e uma compreensão mais profunda do novo propósito da empresa.

Conforme o tempo passava, ao longo de três anos, testemunhamos melhorias constantes, com o número de alunos ativos aumentando de 800 para 1.500. Alcançamos, assim, a tão desejada fidelidade dos clientes. Sem dúvida, todos nós contribuímos para o sucesso desse empreendimento. No entanto, era hora de seguir adiante. Com um desejo incessante de explorar o mundo e aprender constantemente, aos 27 anos, em 2006, abri minha primeira empresa e decidi cursar um mestrado. No entanto, ainda nutria o forte desejo de me tornar pesquisadora. Foi então que, em 2009, aos 31 anos, vendi todas as minhas posses e, com uma mochila nas costas, saí da minha cidade natal para viver em Florianópo-

A caminhada

lis, SC. Lá, completei meu doutorado e aprimorei meus estudos, morando em outros dois países: Estados Unidos e Portugal. No entanto, para minha surpresa, logo após meu retorno ao Brasil, seis meses após meu casamento, e estando grávida de um lindo menino, um acontecimento triste abalou minha vida. Meu pai sofreu um grave acidente vascular cerebral (AVC), que o deixou numa cadeira de rodas, alterando completamente o curso da minha jornada. Devido à sua deficiência física e à condição semelhante da minha mãe, eles precisavam de cuidados especiais. Assim, eles decidiram se mudar para ficar mais próximos de mim, permitindo que eu cuidasse deles. Portanto, de 2013 a 2021, em meio à maternidade, à doença do meu pai e à conclusão do doutorado, meus sonhos, desejos e ambições ficaram em segundo plano, enquanto eu me esforçava para estabelecer uma nova rotina para todos nós em meio a esse caos. Passaram-se oito anos desde o dia em que meu pai partiu, em 2021, deixando-nos para descansar merecidamente. Por um tempo, fiquei perdida, pois mais uma vez precisava ajustar minha rotina. Dessa vez, no entanto, meu pai não estava mais ao nosso lado. Nossa família era composta por mim, meu marido, nosso filho de oito anos e minha mãe.

Em um dia chuvoso de setembro de 2022, com 44 anos e alguns cabelos grisalhos surgindo, algo aconteceu que mudou o rumo da minha carreira. Eu es-

Capítulo 1

tava em meu escritório, sob a luz suave de uma vela aromática que acalmava minha ansiedade, tomando um chazinho de laranjeira para estimular minha criatividade. Ao fundo, o som suave de um violino preenchia o ambiente. Eu digitava no computador o relatório do meu pós-doutorado quando, olhando para o lado, vi um saquinho de linho contendo todos os *pen drives* da minha vida guardados ali.

Nesse momento, decidi pegar o primeiro *pen drive* que já tive e inseri-lo no computador. Para minha surpresa, encontrei todos os treinamentos que havia desenvolvido e aplicado aos 45 colaboradores do complexo aquático em 2004. Dezoito anos haviam se passado e, naquele instante, uma enxurrada de memórias me atingiu. Com as mãos no rosto, comecei a chorar, pois percebi o quanto amava trabalhar com treinamento e desenvolvimento das pessoas. Eu amava me comunicar com elas. Foi nesse momento que também entendi o quanto trabalhar sozinha estava sufocando minha habilidade de comunicação, que considero hoje meu maior potencial, meu dom e talento.

Compreendi que, quando sufocamos nosso talento e dom, nos tornamos infelizes e, como consequência, ficamos doentes e depressivos. Como água de poço parada, quando não utilizamos nosso dom, a nossa energia para de fluir e se expandir, resultando em estagnação e adoecimento. A partir desse

A caminhada

dia, com o material contido naquele *pen drive* e com base em todo o conhecimento adquirido como pesquisadora e no desenvolvimento pessoal (*soft skills*), além de estudar e praticar constantemente o modelo de liderança de Jesus ao longo de uma jornada que já durava mais de 22 anos. Então eu decidi me sentar e escrever os livros secretos que guardava em meu coração, focar em treinamento e mentorias, que possam ajudar outras pessoas a se descobrirem e identificarem o seu dom, assim potencializando seu potencial ainda desconhecido.

Atualmente, continuo atuando como pesquisadora, mas, agora, por meio de treinamentos empresariais, cursos *on-line* e imersões presenciais, auxilio outras pessoas a transformarem seu potencial em uma potência, aplicando o **método PnSs** (Potencializando nossas *Soft skills*).

Fazer o que amamos como profissão não tem preço. Foi nessa jornada que encontrei minha felicidade e minha paz de espírito. Acredito que aprender a se conhecer, despertar a autopercepção, identificar nossas habilidades e fazer o que amamos é o grande segredo para alcançar o sucesso, tanto profissional quanto pessoal. Como diz o ditado de autor desconhecido:

"Faça o que você ama e não trabalhe um único dia em sua vida".

DICAS DE OURO

Para acelerar o processo de transformar o seu potencial em uma potência, é necessário se conhecer, se conectar com sua autenticidade, com sua identidade, sua matriz original, aprender a sair dos personagens que criamos para agradar as outras pessoas.

Não temos controle sobre as outras pessoas, porém sobre o nosso comportamento sim. Então, foque em desenvolver habilidades de autocontrole alcançando maturidade emocional. Com certeza, será um passo muito importante para potencializar sua carreira profissional e avançar para outros níveis, talvez chegando a lugares que ainda não tenhamos sonhado chegar por sentir-se pequeno.

Para alcançar vitórias, as derrotas são necessárias. É neste processo que conseguimos romper nossas próprias barreiras, aquelas que nos impedem de avançar níveis. Então, desafie-se o tempo todo, até seus medos perderem o poder de decidir seu destino.

Capítulo 2

ENTENDENDO A IMPORTÂNCIA DAS NOSSAS SOFT SKILLS

Neste capítulo, serão apresentados conceitos que norteiam o método que será exibido no capítulo 3. Entretanto, para que seja possível compreender o método, é de grande valia entender o que são e a importância das nossas *soft skills* (habilidades comportamentais) e *hard skills* (habilidades técnicas cognitivas), bem como o que acontece quando ambas são desenvolvidas juntas e o porquê devemos potencializá-las para nos tornarmos pessoas/profissionais bem-sucedidos e com paz de espírito.

Capítulo 2

ENTENDENDO SOBRE A IMPORTÂNCIA DAS NOSSAS HABILIDADES COMPORTAMENTAIS E TÉCNICAS

2. Conhecendo os conceitos e a importância das *soft skills* e *hard skills*

Para se tornar um líder altamente eficaz e com alto desempenho, é essencial compreender que não devemos apenas desenvolver *hard skills* (habilidades técnicas), mas também *soft skills* (habilidades comportamentais). A seguir, faremos uma breve explanação sobre essas competências, pois é crucial compreender a diferença entre elas para iniciar, conscientemente, uma jornada rumo ao despertar do líder que existe dentro de cada um de nós. Isso nos permitirá alcançar uma liderança mais eficaz e de alto desempenho.

2.1.1 - *Hard skills* (cognitivo)

São o conjunto de habilidades técnicas adquiridas por meio de formação tradicional e capacitação, como cursos, treinamentos e *workshops*. Há algumas expressões que podem ser utilizadas como sinônimo: conhecimentos técnicos; habilidades técnicas; competências técnicas e assim por diante. Esses conhecimentos são adquiridos por cada indivíduo nas diversas áreas do saber. Durante muito tempo, o foco das organizações esteve nelas na hora de atrair talentos e/ou selecionar profissionais, por exemplo.

2.1.2 - *Soft skills* (comportamentais)

São habilidades comportamentais relacionadas à maneira como o profissional lida com o outro e consigo mesmo em diferentes situações. São traços de caráter (comportamento) ou qualidades que cada um de nós possui e que nos tornam únicos em nossa vida, em nossas relações sociais e em nosso trabalho. As *soft skills* são habilidades pessoais que permitem nos relacionarmos e nos conectarmos com os outros. São habilidades psicossociais e interpessoais. É a capacidade que o indivíduo possui para lidar com conflitos internos (autogestão emocional) e externos (com as pessoas que fazem parte da nossa vida pessoal e profissional).

As *soft skills* são importantes para que possamos usar, de forma eficiente e efetiva, nossas *hard skills*, porque as duas precisam andar juntas, ou seja, uma complementa a outra.

Após a pandemia em 2020, ficou claro que o modelo de mercado atual passou por mudanças

Capítulo 2

significativas, demandando uma nova abordagem tanto das empresas quanto de seus colaboradores. Nesse contexto, a potencialização das *soft skills* torna-se crucial, uma vez que o desenvolvimento dessas habilidades é a única forma pela qual as pessoas podem avançar para níveis profissionais mais elevados, indo além de suas habilidades técnicas (*hard skills*) que, no cenário de mercado atual, não são mais suficientes. No mercado de trabalho, a contratação de profissionais com *soft skills* desenvolvidas pode representar um retorno financeiro significativo para as empresas, combinando desempenho técnico e comportamental de seus colaboradores. Profissionais que buscam desenvolver as *soft skills* aumentam as chances de assumir cargos de liderança e, consequentemente, aumentar a renda mensal.

Uma pesquisa sobre as dificuldades de desenvolver habilidades comportamentais entre os funcionários revelou que 59% dos gerentes de contratação e 89% dos executivos entrevistados relataram que a maior dificuldade está em encontrar candidatos com as habilidades comportamentais mais desenvolvidas, como comunicação, trabalho em equipe e liderança, entre outras *soft skills*. Portanto, pode-se afirmar que as em-

Entendendo a importância das nossas soft skills

presas envolvidas na pesquisa estão enfrentando um *gap* (lacuna/vácuo) significativo no que diz respeito ao desenvolvimento dessas habilidades (MEISTER, 2021).

Entretanto, para que seja possível desenvolver as *soft skills*, é preciso motivação pessoal e busca contínua, pois trata-se de um processo de melhoria contínua pessoal que ocorre a médio e longo prazo (LEVASSEUR, 2013).

Desenvolver as *soft skills* com a prática contínua das habilidades e do processamento do *feedback* de desempenho, tendo a autorreflexão como base e as contribuições construtivas recebidas de outros. O desenvolvimento das *soft skills* é um movimento pessoal e intransferível, um compromisso com seu propósito pessoal de vida.

> *"O desenvolvimento das soft skills só será possível se a pessoa realmente desejar esse desenvolvimento."*
> **(MEISTER, 2021)**

Quais são as principais *soft skills* que precisamos desenvolver no século 21 para líderes e liderados?

Capítulo 2

- Comunicação (clara e transparente);
- Relacionamento interpessoal (compartilhamento de ideias);
- Trabalho em equipe (saber dar e receber *feedbacks* positivos e negativos);
- Liderança inspiradora, facilitadora e humanizada;
- Flexibilidade, resiliência e adaptabilidade;
- Proatividade;
- Empatia;
- Boa conduta ética;
- Pensamento crítico;
- Soluções de problemas.

É também relevante sabermos que o desenvolvimento de nossas *soft skills* acaba por potencializar as nossas *hard skills*. Uma retroalimenta o desenvolvimento da outra, ou seja, estimula e intensifica positivamente a eficiência da outra, proporcionando a oportunidade de alcançar níveis mais elevados de nossas habilidades. Essa sinergia entre as habilidades é atualmente conhecida como "*Power skills*".

Entendendo a importância das nossas soft skills

2.2 - Por que é importante desenvolver e potencializar as nossas *soft skills*?

Quando alcançamos um nível mais avançado de desenvolvimento das nossas habilidades, conquistamos o que chamamos de *Power Skills*. Essas são habilidades poderosas que um profissional deve buscar para conseguir se destacar no mercado de trabalho, em habilidades como: autocontrole, autogestão, proatividade, perfil influenciador humanizado, visão e pensamento sistêmicos mais avançados, resolução de problemas de forma mais ágil, efetiva e eficiente.

Elas fortalecem o engajamento entre todos os *stakeholders* envolvidos (clientes, colaboradores, fornecedores e sociedade). Profissionais que possuem inteligência emocional desenvolvida e amadurecida proporcionam melhores resultados no aumento da produtividade e melhoram a forma de lidar com as pessoas e colegas de trabalho. Isso é crucial para as empresas e organizações aumentarem a competitividade, tanto em âmbito nacional quanto internacional, além de ser benéfico para a saúde do ecossistema de trabalho. Saber gerir relacionamentos com outras pessoas, bem como as próprias emoções, potencializa as *hard skills* e impacta em toda a cultura das organizações.

Capítulo 2

Estamos todos, tanto pessoas quanto organizações, sendo impactados pelas mudanças rápidas do mercado atual. Para conseguirmos acompanhar todas as mudanças, é essencial o desenvolvimento das *soft skills*. Traçar uma conexão que consiga acompanhar a velocidade, a conectividade e a mudança de consciência que a sociedade e as organizações necessitam atualmente.

2.3 - O que é preciso para desenvolver as *soft skills*

Pelos meus 24 anos de estudos e experiências empíricas e de meu desenvolvimento pessoal nesse período, descrevo aqui três habilidades que devem ser consideradas como os pilares mais importantes para potencializar todas as *soft skills*:

- **INTELIGÊNCIA EMOCIONAL** (maturidade emocional/desbloqueios emocionais);
- **VISÃO SISTÊMICA AVANÇADA;**
- *MINDSET* **ÁGIL.**

As *soft skills* se relacionam não somente aos domínios da inteligência emocional, mas também aos domínios de uma visão sistêmica avançada e

Entendendo a importância das nossas soft skills

um *mindset* ágil (raciocínio rápido), assim sendo, a meu ver, quando exploramos com maior ênfase essas três habilidades, torna-se mais rápido o desenvolvimento das outras habilidades já descritas no parágrafo anterior, item 2.1 deste capítulo.

2.4 - Entendendo o conceito dos três pilares das *soft skills*

2.4.1- INTELIGÊNCIA EMOCIONAL

De acordo com Goleman (2017), esse conceito se trata da capacidade de identificar e lidar com as emoções e sentimentos pessoais e de outros indivíduos. Podemos citar como exemplo uma pessoa que consegue concluir suas tarefas e alcançar suas metas, mesmo sentindo-se triste e ansiosa ao longo de um dia de trabalho. Portanto, é importante destacar que ter sentimentos como ansiedade, mágoa, raiva, medo, insegurança, entre outros, é normal e humano. No entanto, precisamos aprender a mapear, identificar, analisar e gerenciar nossas emoções; isso se chama gestão emocional. A seguir, apresento algumas competências emocionais que precisamos desenvolver para potencializar nossas *soft skills*:

Capítulo 2

1. **Autoconhecimento emocional** (conhecer as próprias emoções);
2. **Controle das emoções ou autogerenciamento** (lidar com emoções);
3. **Automotivação** (buscar motivação constantemente);
4. **Empatia** (colocar-se no lugar do outro, buscar compreender a dor do próximo);
5. **Relacionamento interpessoal ou sociabilidade** (reconhecer as emoções nos outros, respeitá-las e, assim, aprender a lidar com os relacionamentos).

Segundo Gardenswartz et al. (2008), a inteligência emocional deve ser aprendida e desenvolvida. Dessa forma, precisamos iniciar uma jornada de desenvolvimento pessoal consciente para que consigamos ter nossas *soft skills* também desenvolvidas. A seguir, uma figura explicativa de como a inteligência emocional se relaciona com as *soft skills*. Lembrando que a inteligência emocional é um dos pilares mais importantes para que possamos potencializar as nossas *soft skills* (habilidades comportamentais). Observe na figura 1, apresentada a seguir, como a inteligência emocional e as *soft skills* se relacionam.

Entendendo a importância das nossas soft skills

Figura 1- Relação entre inteligência emocional e as *soft skills*.

COMO A INTELIGÊNCIA EMOCIONAL E AS SOFT SKILLS SE RELACIONAM			
AUTOCONSCIÊNCIA	AUTOGESTÃO	CONSCIÊNCIA SOCIAL	GESTÃO DAS RELAÇÕES
CONHECER AS EMOÇÕES	GERENCIAMENTO DAS EMOÇÕES	EMPATIA	INFLUÊNCIA
IDENTIFICAR AS LESÕES EMOCIONAIS	ADAPTABILIDADE	RESPEITAR O LIMITE DO PRÓXIMO	FACILITADOR
RESPEITAR OS PRÓPRIOS LIMITES	RESILIÊNCIA	CONSCIÊNCIA ORGANIZACIONAL	GERENCIAMENTO DE CONFLITOS
SABER MAPEAR SEUS SENTIMENTOS	FLEXIBILIDADE	PENSAMENTO COLETIVO/ INTEGRADO/ CONSCIENTE	TRABALHO EM EQUIPE
DESENVOLVER VISÃO SISTÊMICA	ORIENTAÇÃO PARA RESULTADO		LIDERANÇA INSPIRADORA
	VISÃO POSITIVA		TRANSPARÊNCIA
			BOA CONDUTA ÉTICA

Fonte: GOLEMAN, 2017.

AUTOCONSCIÊNCIA - desenvolver a consciência das emoções, quando sentimos, em que situação sentimos, qual a reincidência.

AUTOGESTÃO - aprender a administrar as emoções quando as sentimos, promover as mudanças que cada indivíduo precisa. Por exemplo, se eu for uma bomba-relógio que explode por qualquer coisa, é preciso rastrear, identificar e corrigir os sentimentos quando são necessários. A felicidade em excesso é euforia, também é necessário administrar, pois gera muita ansiedade que, por sua vez, pode antecipar ações imediatistas com pouco impacto de resultado.

CONSCIÊNCIA SOCIAL - o quanto meu comportamento afeta o próximo, desenvolver capacidade de compreender o próximo (empatia), desenvolver pensamento coletivo, integrado e consciente.

GESTÃO DAS RELAÇÕES - exercitando seu poder de influência. Gerenciando conflitos. Estimulando o trabalho em equipe. Atuando como liderança inspiradora, facilitadora e humanizada.

2.4.2 - O que pode travar o desenvolvimento das nossas *soft skills*?

São as lesões emocionais. Esse tipo de lesão ocorre devido a eventos traumáticos na fase fetal, infância, adolescência ou na vida adulta. Alguns estudos já apontam que essas lesões também podem estar registradas em nosso DNA, sendo possivelmente repassadas de uma geração para outra.[1]

---

1 Disponível em: <https://www.bbc.com/portuguese/vert-fut-48139796>. Acesso em: 22 ago. 2023.

Entendendo a importância das nossas soft skills

Todos nós temos algum tipo de lesão emocional. Portanto, é necessário aprender a identificar quando elas nos afetam a ponto de não nos permitir avançar para o próximo nível profissional. Quando nos sentimos travados, inseguros e com medo de realizar certas ações, como falar em público, gravar vídeos ou participar de reuniões, essas lesões emocionais podem estar nos impedindo de progredir. É necessário passar por um processo para adquirir consciência do que aconteceu no passado e está travando nosso progresso atual no desenvolvimento das habilidades comportamentais e emocionais. O tratamento dessas lesões emocionais nos permite avançar mais no desenvolvimento de nossas habilidades. Algumas lesões emocionais já identificadas por pesquisadores incluem rejeição, injustiça, abandono, humilhação, traição, agressão física, agressão verbal, entre outras. Pesquisadores como Paul Ekman (2003) e Damasio (2012) demonstram que as emoções estão localizadas no sistema límbico, no hipocampo. Elas são inatas (individuais), evolutivas e universais (em todos).

Já foram identificadas 27 emoções existentes: diversão, ansiedade, estranhamento, desejo, excitação, temor, medo, horror, tédio, calma, empatia, dúvida, nojo, encantamento, nostalgia, satisfação,

Capítulo 2

adoração, admiração, apreço visual, inveja, romance, tristeza, surpresa, simpatia, triunfo, interesse e alegria. Dentre as emoções citadas, é fundamental identificar a causa raiz das emoções que podem estar nos impedindo de explorar nosso potencial humano. No próximo CAPÍTULO deste livro, na etapa 1 do método PnSs, será explicado de forma mais detalhada como funciona o processo de tratamento das lesões emocionais.

2.5 - VISÃO SISTÊMICA AVANÇADA

2.5.1 - Um pouco da história e o conceito deste termo

Karl Ludwig von Bertalanffy (1901-1972) foi o primeiro autor na área da Administração a conceituar a visão sistêmica. No ano de 1940, ele considerou o organismo como um sistema físico e publicou seu primeiro trabalho. Em 1968, publicou o livro Teoria Geral de Sistemas, que é considerado sua principal obra, na qual o autor apresenta uma nova visão de mundo.

O autor traz o conceito de que a visão sistêmica permite identificar como cada processo funciona e interage entre si, criando as conexões necessárias para compreender todos os fatos e elementos

Entendendo a importância das nossas soft skills

envolvidos em uma situação ou processo. Quando desenvolvemos essa visão de forma mais avançada, ela também nos possibilita entender a relação entre os ambientes interno e externo de uma organização ou contexto em que vivemos, como em nossa casa, trabalho e família, entre outros, e como esses ambientes interferem nas engrenagens de tudo e de todos, tanto em uma empresa quanto na rotina diária de nossas vidas. Essa visão pode ser definida como a habilidade que gestores e empreendedores devem ter para tomar decisões importantes na organização, avaliando-a como um todo, e não apenas partes específicas.

A visão sistêmica é um conceito que surgiu no mundo empresarial, mas pode abranger todas as áreas da vida. Basicamente, essa habilidade consiste em tomar decisões considerando toda uma conjuntura. Em outras palavras, ter a visão sistêmica significa tomar decisões assertivas considerando todos os fatores envolvidos.

2.6 - *MINDSET* ÁGIL

Mindset ágil significa ter uma mentalidade mais ágil, com ampla adaptação e aprendizado no que se refere aos mais diversificados desafios. Ao desenvolver essa habilidade, alcançamos uma mentalidade mais ágil. Entretanto, muitas pessoas que conheço confundem ser precipitado com ser ágil. Ser precipitado significa, no dicionário, ser apressado, imprudente e irrefletido. Ao contrário de uma mentalidade ágil, que significa um processo de raciocínio ou pensamento que envolve compreensão, análise crítica coerente, aprendizado, flexibilidade, adaptabilidade para que assim seja possível alcançar resultados com excelência. Precisamos ser muito cautelosos para não cometer este erro que pode nos levar a cometer muitas falhas gravíssimas tanto em nossa vida pessoal como profissional.

2.6.1 - O que é ser um profissional com *mindset* ágil (mentalidade ágil)?

O profissional ágil tem clareza das prioridades e executa cada uma com foco elevado, diminuindo o desperdício, tanto de tempo como de recursos e materiais, entregando e agregando valor de forma mais eficiente em tudo e para todos.

2.6.2 - Quais as características de um profissional com esta habilidade desenvolvida?

A mentalidade ágil é um processo de pensamento que envolve compreensão, colaboração, aprendizado e flexibilidade para alcançar resultados de alto desempenho. Ao combinar a mentalidade ágil com processos e ferramentas, as equipes podem se adaptar às mudanças e agregar valor incremental aos clientes, produtos e serviços.

2.6.3 - Qual é o elemento mais relevante para a adoção do *mindset* ágil?

Estabelecer metas e objetivos simples, claros e transparentes, nos quais todos do time estejam envolvidos, tanto no meio familiar como profissional, pois quando um planejamento está bem elaborado e o ambiente é harmonioso, o aprendizado de todos os envolvidos ocorre de forma natural. Dessa forma, é possível adquirir maturidade para que todos evoluam pelos erros.

2.6.4 - Como ser um profissional com *mindset* ágil?

A cada dia, temos a sensação de que o tempo está passando muito rápido. Muitas vezes, nos sentimos sem fôlego e incapazes de dar conta da demanda de trabalho que chega até nós. Desenvolver uma mentalidade mais ágil nos ajuda a trabalhar mais em menos tempo e com maior qualidade. Precisamos buscar nosso potencial máximo continuamente.

Ser ágil significa ser eficiente, estar disponível, ser proativo constantemente, atingir pequenas me-

Capítulo 2

tas, trabalhar em conjunto sem boicotar os colegas, ter consciência do fluxo, demanda e prazo para entrega das tarefas, contribuir com seu conhecimento dando opiniões, ser um profissional focado e não disperso, validar se o caminho ou a estratégia adotada tem maior probabilidade de erro ou acerto, perseguir a melhoria pessoal continuamente.

Foco em ser um eterno aprendiz, adaptável, flexível, colaborador e inovador. Seguem alguns passos importantes para alcançar um *mindset* ágil e ser mais ágil em seu trabalho, tanto em casa quanto na empresa:

1. Aprenda a mudar seu pensamento continuamente, se necessário;
2. Reconheça os desafios que precisam ser encarados e enfrente-os com maturidade, sem reclamar;
3. Aprenda a fazer a gestão do seu tempo para ser mais produtivo e qualitativo;
4. Busque mais que todos por novos conhecimentos;
5. Priorize tarefas por ordem de relevância;
6. Tenha tudo que precisar à sua disposição, próximo de você;

Entendendo a importância das nossas soft skills

7. Liste as tarefas que precisam ser feitas no dia e faça;
8. Saiba descansar e desfrutar da vida, isso lhe trará mais motivação diária;
9. Não acumule tarefas, pois quando acumuladas nos colocam em estado de procrastinação;
10. Quando iniciar algo, sempre finalize;
11. Automatize pensamentos que te ajudem na autopercepção, autocrítica e gestão das emoções;
12. Tenha planejamentos para serem alcançados a curto prazo, como semanal, quinzenal, mensal e semestral.

Esses passos não são alcançados rapidamente; como tudo na vida, requer prática, treinamento, resiliência e constância para alcançar a excelência nos resultados.

Agora que já entendemos o significado dos conceitos de *soft skills*, *hard skills* e *power skills*, no próximo capítulo, será apresentado como Jesus utilizava suas *soft skills* (habilidades comportamentais) em seu modelo de liderança. Mas antes disso, aqui estão três dicas de ouro que separei para vocês.

DICAS DE OURO

Não podemos permitir que nossas emoções assumam o controle criando limitações, conflitos, intrigas, fofocas, impedindo de sermos pessoas melhores.

Desenvolver uma visão sistêmica avançada nos conecta com a nossa saúde e com a saúde de tudo e de todos ao nosso redor de forma coletiva e integrada.

É muito importante aprender a não sentir pena das pessoas, pois esse sentimento nos coloca em um lugar de superioridade em relação ao próximo. Portanto, precisamos aprender a nos compadecer, lastimar e confortar, pois cada pessoa passa pelos processos de aprendizado dos quais necessita.

Por Caren Fernanda Muraro

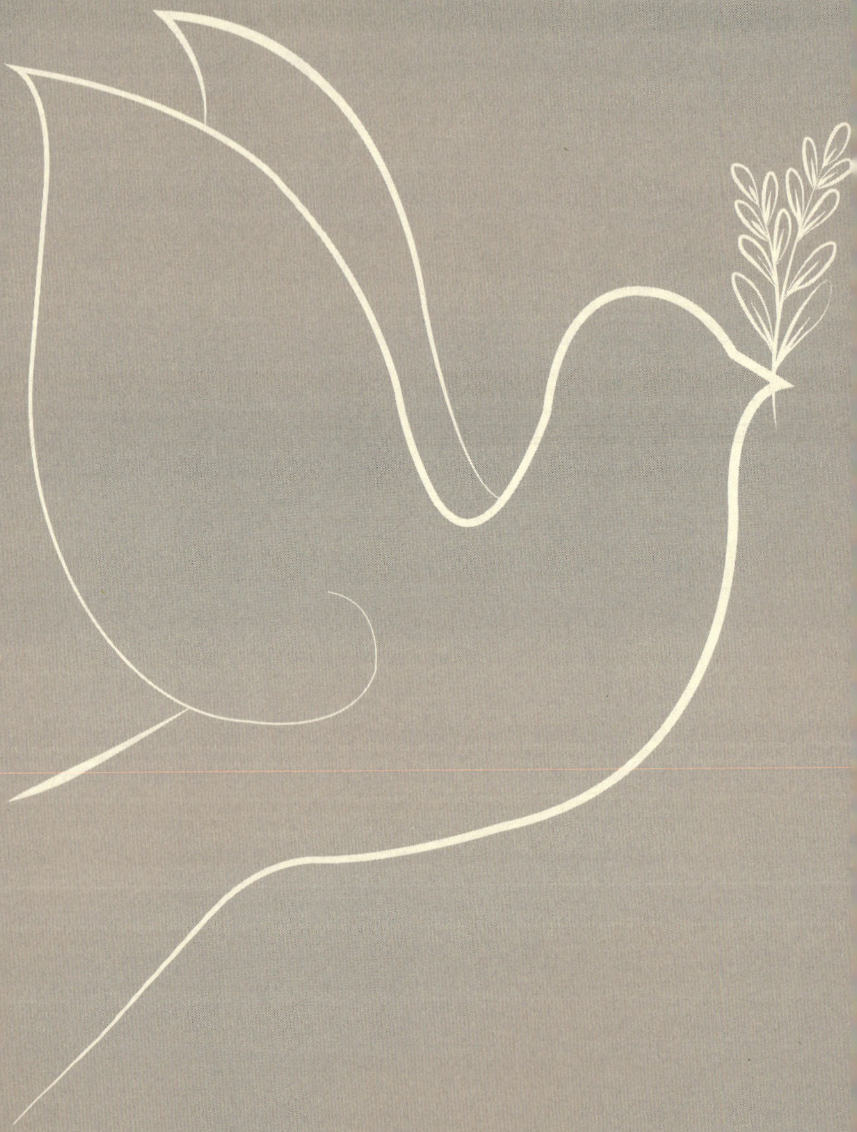

Capítulo 3

O MÉTODO

Neste CAPÍTULO, será apresentado o passo a passo do método que ajudará você a potencializar as *soft skills* e alcançar, com êxito, o modelo de liderança de Jesus (exibido no capítulo 4).

Capítulo 3

O MÉTODO PnSs
(Potencializando nossas soft skills)

Primeiramente, gostaria de apresentar a hipótese que norteou o desenvolvimento deste método. Com base em meus estudos e experiências empíricas ao longo dos últimos 24 anos de minha vida, sempre mantive em mente a seguinte pergunta: como podemos potencializar nossas habilidades comportamentais de modo a nos tornarmos pessoas e profissionais mais estratégicos, ágeis, humanizados e íntegros? Para ser um bom líder, é preciso entender que, antes de liderar, precisamos aprender a servir. Somente assim podemos nos tornar facilitadores, orientadores, inspiradores e influenciadores eficazes. Mas como podemos conseguir isso? Primeiramente, precisamos nos conhecer verdadeiramente, compreendendo nosso comportamento, tipos de pensamento, sentimento, postura, valores e habilidades. Quando aprendemos a nos conhecer e desenvolvemos autopercepção, conseguimos potencializar nossas *soft skills*. Ao nos conectarmos com a matriz original e verdadeira identidade, nos libertamos dos personagens que criamos para agradar os outros e nos sentirmos aceitos. Isso nos permite alcançar autenticidade, confiança e segurança, capacitando-nos a realizar nosso propósito de vida.

O método

Somos seres únicos, possuímos um DNA único. Quando nos conhecemos profundamente e nos conectamos com a matriz original, verdadeira identidade, acredito firmemente que é nesse momento que nos tornamos pessoas e profissionais extraordinários. Pessoas que realmente fazem a diferença e criam oportunidades para que outros também se tornem extraordinários por onde passam. É por essa razão que o passo 1 do método PnSs nos ensina a mapear, identificar, analisar e gerenciar pensamentos, sentimentos, comportamentos e habilidades.

A seguir, vamos entender o passo a passo do método e como aplicá-lo em nossa rotina diária para que seja possível potencializar nossas *soft skills*.

COMO FUNCIONA
O MÉTODO PnSs
(Potencializando as nossas soft skills)

Vamos iniciar este capítulo com a figura que demonstra de forma ilustrativa o passo a passo do método e o que é preciso fazer em cada passo para potencializar nossas *soft skills*. Abaixo da figura, o formato descritivo.

Capítulo 3

Figura 2 - O que é preciso para potencializar nossas *soft skills*.

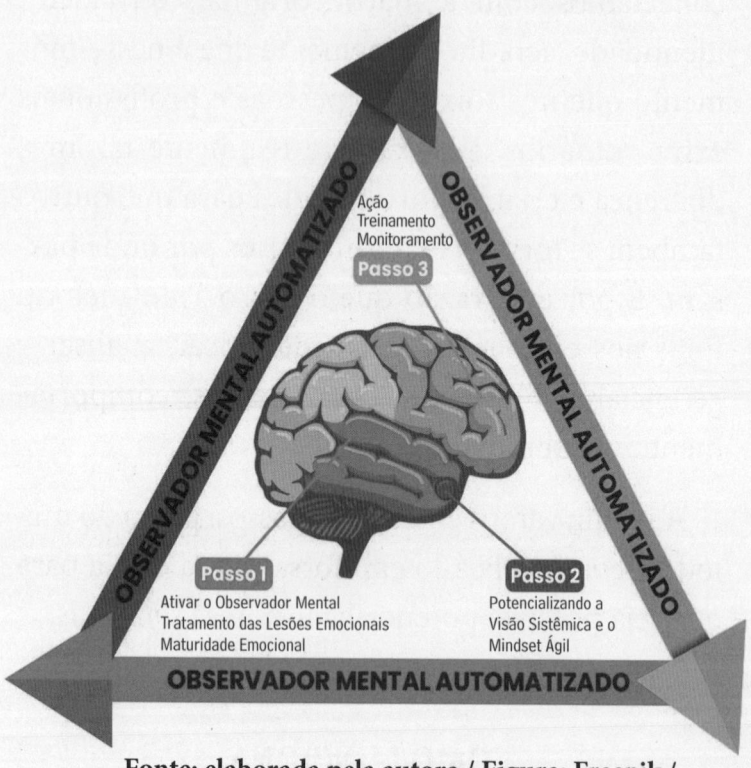

[Figura: triângulo com setas rotuladas "OBSERVADOR MENTAL AUTOMATIZADO" nos três lados, contendo a imagem de um cérebro ao centro.

- **Passo 3**: Ação / Treinamento / Monitoramento
- **Passo 1**: Ativar o Observador Mental / Tratamento das Lesões Emocionais / Maturidade Emocional
- **Passo 2**: Potencializando a Visão Sistêmica e o Mindset Ágil]

Fonte: elaborada pela autora / Figura: Freepik / Adaptação: Raul Vargas.

Primeiramente, é preciso passar pelos 3 passos do método que serão desmembrados a seguir. Nesse passo a passo, a proposta é: no passo 1, desenvolver maior maturidade emocional, eliminar sentimentos/bloqueios que nos impedem de romper as fronteiras de nossas limitações emocionais; no passo 2, poten-

O método

cializar a nossa visão sistêmica e desenvolver uma mentalidade ágil, aprender a observar os processos de forma mais criteriosa; no passo 3, aprender a automatizar novos hábitos mentais, emocionais e comportamentais, que foram ensinados nos passos 1 e 2.

Pela minha experiência e com base nas pessoas que já passaram pelo método, é possível observar que, após automatizado como novo hábito os passos 1 e 2 do método, conseguimos seguir sozinhos potencializando nossas *soft skills*, porque a autopercepção fica muito apurada (aguçada), assim nos tornando a cada dia profissionais mais estratégicos, ágeis, humanizados e íntegros, porque aprendemos a nos avaliar constante e diariamente.

É importante destacar que, antes de qualquer habilidade ser desenvolvida, precisamos ter um propósito de vida muito forte. Esse propósito será o que nos motivará a continuar, mesmo nos dias de desânimo e esgotamento. Desenvolver habilidades requer ação, treinamento, monitoramento e sair oficialmente da zona de conforto. Portanto, desenvolver as *soft skills* significa treinar na zona do desconforto diariamente, mesmo com medo, mesmo inseguro, mesmo sem fôlego. Isso é o que um atleta de elite faz para alcançar o mais alto nível de sua *performance*. Ele rompe a fronteira das limitações emocionais e físicas diária e continuamente.

Capítulo 3

Além disso, é importante ressaltar que o método para nos ajudar a alcançar a excelência pessoal e profissional requer, antes de tudo, um propósito de vida forte e consistente, semelhante ao que Jesus tinha. Toda a jornada dele foi apoiada em seu propósito de vida. Convido você, nesse momento, para pegar um caderno em branco, no qual escreverá seu propósito de vida. Faça isso a lápis para que possa realinhá-lo, se necessário, ao longo de sua jornada. Esse caderno também será usado nas práticas dos passos 1 e 2 do método PnSs.

3.1.1 - Construindo meu propósito de vida

É essencial ter um propósito de vida verdadeiramente forte. Para construí-lo, baseie-se em bons valores éticos e morais. O propósito de vida é como uma meta de longo prazo, um objetivo grandioso que você mantém para realizar algo significativo. Alguns também o chamam de "sonho" de vida. Ele impacta não apenas a própria vida, mas também a vida de outras pessoas.

Cumprir seu propósito de vida será o que lhe trará satisfação, uma sensação de dever cumprido. Quando você chegar à velhice e olhar para sua trajetória de vida, sentirá alegria e gratidão por

O método

ter realizado os desejos de seu coração e por ter ajudado outras pessoas a alcançarem o propósito de vida delas. É exatamente por esse motivo que é fundamental ter um propósito forte.

Lembre-se de que o propósito é o que dá direção à nossa jornada. Um barco sem destino fica à deriva, assim como uma vida vivida sem um propósito definido. Quem não sabe para onde está indo, aceita qualquer direção. Portanto, construa agora seu propósito de vida e não permita nunca mais estar à deriva na sua jornada.

Seguem algumas dicas para construir seu propósito de vida: o que gostaria de fazer para contribuir com a vida de outras pessoas na sua caminhada; descubra o que realmente é importante para você; olhe para o que já faz; visualize o que quer alcançar até seu último suspiro de vida aqui; o que vai fazer você, na velhice, olhar para trás e se orgulhar de sua caminhada de vida.

Seguem também alguns exemplos de propósito de vida já traçados por outras pessoas, para se basear ao construir o seu: contribuir para o desenvolvimento humano de outras pessoas; contribuir para a saúde e o bem-estar mental e físico das pessoas; contribuir para fomentar a melhor sustentabilidade ambiental da minha cidade, estado, país; estimular a criativida-

Capítulo 3

de e expressão artística infantil; advogar por justiça social, ambiental, familiar, entre outros; promover a educação e o conhecimento das pessoas com baixa renda. Enfim, esses são apenas alguns exemplos para que possa ter um parâmetro inicial e construir o seu. Aprender a "parar de correr atrás da máquina" e passar a andar na frente dela, com propósito e potencializando as *soft skills*, nos torna mais ágeis e estratégicos.

Após definido e escrito no caderno seu propósito de vida, vamos iniciar o passo 1 do método PnSs (Potencializando nossas *soft skills*) descrito a seguir.

PASSO 1 DO MÉTODO PnSs
ALCANÇANDO A MATURIDADE EMOCIONAL

A intenção deste passo é alcançar a maturidade emocional, adquirida pela inteligência emocional. Sendo assim, neste passo, precisamos aprender a mapear, identificar, analisar e gerenciar emoções, comportamentos e habilidades. Somente assim será possível modificar a postura diante de fatos e situações rotineiras que nos desequilibram, causando um grande desperdício energético, nos deixando esgotados e sem ânimo de vida. Quando conseguimos automatizar a habilidade de autopercepção e autoanálise, alcançamos habilidades mais complexas,

O método

como as apresentadas por Goleman, em 2017, na figura 1 do capítulo 2 (autoconsciência, autogestão, consciência social, gestão das relações), incluindo o despertar do nosso espírito/senso de liderança.

3.2.1 - Como fazer?

Existe uma técnica descrita por Lakatos & Marconi desde o ano de 1992, chamada de Observação Direta Intensiva. Esta técnica utiliza os sentidos na obtenção de determinados aspectos da realidade. Não consiste apenas em ver e ouvir, mas também em examinar fatos ou fenômenos que se deseja estudar. No ano de 2003, esses autores ampliaram o conceito da técnica descrevendo que se trata de um conjunto de atividades sistemáticas e racionais que oportunizam maior segurança e eficiência para alcançar objetivos, retratam conhecimentos válidos e verdadeiros, traçam o caminho a ser seguido, detectam erros e auxiliam nas decisões, utilizando os sentidos na obtenção de determinados aspectos da realidade. A técnica descrita anteriormente também é muito utilizada por psiquiatras, psicólogos e pesquisadores. Eu mesma a utilizo muito em minhas pesquisas há mais de 14 anos, para registrar informações importantes em campo e em minha rotina diária.

Capítulo 3

Esta técnica ensina para nosso cérebro que ele precisa ser uma espécie de observador mental ativo constantemente durante o período que ficamos acordados (MURARO, 2023). Quando conseguimos automatizar em nosso cérebro o novo hábito mental, potencializamos habilidades de autopercepção, visão sistêmica e mentalidade ágil, entre outras.

Baseado nos princípios dessa técnica, nos cursos e vivências que fiz ao longo de 24 anos, desenvolvi o método PnSs, tornando possível que outras pessoas também se beneficiem ao aplicá-lo de forma fácil e prática em sua rotina diária.

A finalidade do método PnSs ensinado aqui, por meio da técnica de observação direta e intensiva, respondendo a perguntas simples, fazendo análises de figuras e objetos, praticando exercícios de alta concentração, é potencializar nossas *soft skills* diariamente, sem gastos com diferentes tipos de treinamentos. Isso acontece porque, ao praticar a técnica, ativamos nosso observador mental.

Uma vez aprendida a técnica, podemos utilizá-la em todos os setores de nossa vida e progredir continuamente na potencialização

O método

de nossas *soft skills*. Esse método visa ampliar autopercepção, autoconsciência, desenvolver uma visão sistêmica mais avançada e um raciocínio mais rápido, de forma prática e fácil, em nosso dia a dia.

Você aprenderá a mapear, identificar, analisar e gerenciar os próprios sentimentos, pensamentos, comportamentos e habilidades, identificando em si mesmo o que precisa ser tratado e melhorado, para que possa alcançar níveis mais avançados em seu desempenho profissional.

Quando tornamos algo consciente, que estava inconsciente em nós, conseguimos promover grandes mudanças em nosso comportamento, alcançando a maturidade emocional. Ou seja, conseguimos manter o equilíbrio emocional, mesmo diante de grandes conflitos, não permitindo mais que nossas emoções assumam o comando da situação.

Segue um desenho ilustrativo do processo mental que é necessário percorrer para alcançar a maturidade emocional e, assim, efetuar mudanças significativas para potencializar nossas habilidades comportamentais.

Capítulo 3

Figura 3 – Estágios do processo mental para alcançar a maturidade emocional.

POTENCIALIZANDO AS SOFT SKILLS

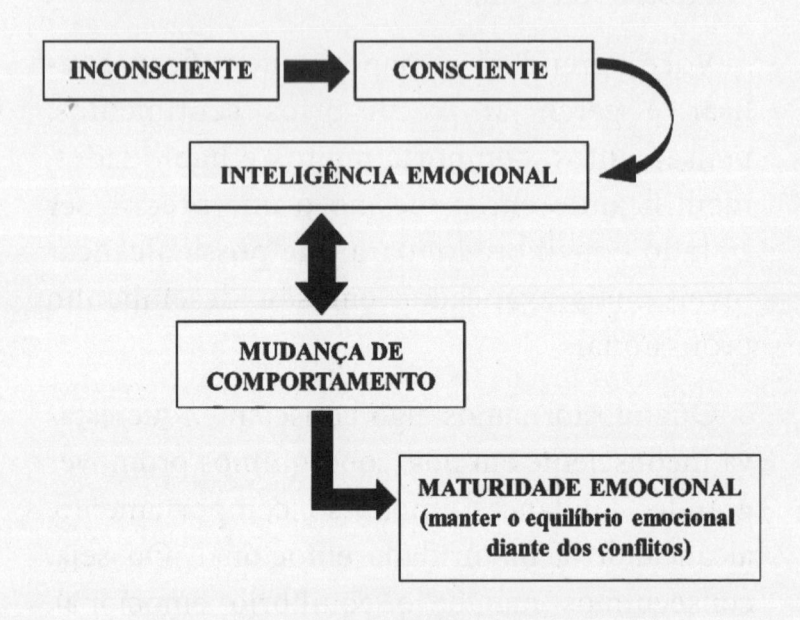

INCONSCIENTE → CONSCIENTE

INTELIGÊNCIA EMOCIONAL

↕

MUDANÇA DE COMPORTAMENTO

↓

MATURIDADE EMOCIONAL
(manter o equilíbrio emocional diante dos conflitos)

Fonte: elaborada pela autora.

A seguir, entenda quais são os exercícios mentais que podemos fazer diariamente para automatizar a autopercepção e torná-la mais rápida, aguçada e precisa. Nos próximos 4 quadros, são exibidas perguntas que vão nos ajudar a desenvolver autopercepção, autoanálise e autorreflexão. É preciso ser um vigia constante de sentimentos, pensamentos e habilidades.

O método

Para que esse desenvolvimento aconteça, precisamos conhecer mais sobre nós mesmos, desenvolvendo a autopercepção. Sugiro ainda que estes exercícios sejam praticados em seu caderno, respondendo a todas as perguntas exibidas nos quadros a seguir. Destaco aqui que o quadro está preenchido com exemplos, porém você deverá colocar 10 características suas para analisar.

Quadro 1 - Conhecendo mais sobre si.

QUEM SOU EU? CARACTERÍSTICAS QUE VOCÊ GOSTA EM SUA PERSONALIDADE.	QUEM SOU EU? CARACTERÍSTICAS QUE DESEJA MUDAR EM SUA PERSONALIDADE.
Extrovertida(o)	Excesso de empatia
Desapegada(o)	Tom de voz arrogante
Focada(o)	Sentimento de culpa constante
Resiliente	Intolerante
Constante	Emburrada(o)
Esforçada(o)	Baixa escuta ativa
Adaptável a qualquer situações	Explosiva(o)

Fonte: elaborado pela autora.

Busque traçar uma meta de curto prazo para mudar as caraterísticas da sua personalidade que precisam ser melhoradas.

Capítulo 3

É de extrema importância identificar, tornar consciente, quais são as habilidades que precisam ser desenvolvidas, potencializadas e equilibradas.

No quadro 2, instigo a pesquisar sobre habilidades comportamentais. Veja qual você já tem e consegue potencializar; descubra quais ainda não tem e precisa desenvolver; qual tem, porém está em desequilíbrio e precisa equilibrar. Se possível, liste 10 habilidades em cada coluna.

Quadro 2 - Descobrindo e melhorando as habilidades comportamentais.

QUEM SOU EU? QUAIS HABILIDADES COMPORTAMENTAIS JÁ DESENVOLVI?	QUEM SOU EU? QUAIS HABILIDADES COMPORTAMENTAIS PRECISO AINDA DESENVOLVER E/OU MELHORAR?
Proatividade	Escuta ativa em excesso
Disponibilidade	Empatia
Flexibilidade	Visão sistêmica avançada
Adaptabilidade	Mentalidade ágil
Pensamento crítico	Baixa comunicação efetiva
Criatividade	Baixo senso de liderança
Agilidade para aprender	Maturidade emocional

Fonte: elaborado pela autora.

O método

No quadro 3, descreva o que gosta nas pessoas ao seu redor e o que não gosta, incomoda e irrita nas pessoas.

Quadro 3 - Conhecendo mais de si.

QUEM SOU EU? O QUE GOSTA NAS PESSOAS QUE CONHECE?	QUEM SOU EU? O QUE NÃO GOSTA NAS PESSOAS QUE CONHECE?
Verdadeira	Falsidade
Autêntica	Mentiras

Fonte: elaborado pela autora.

Normalmente, o que não gostamos no próximo ou algo que nos irrita em alguma pessoa é preciso investigar mais a fundo, pois alguma lesão emocional nossa pode acionar quando temos contato com essas pessoas. É preciso identificar em nós o porquê algumas pessoas nos incomodam ou nos irritam. A ideia deste exercício não é olhar para as outras pessoas, mas identificar o que nos desequilibra emocionalmente, a causa raiz disso. Também é importante saber o que não gostamos nas pessoas para não repetir comportamentos que não aprovamos.

No quadro 3, vamos descobrir o que vai conosco em nossa jornada e o que não vai. Saber identi-

Capítulo 3

ficar o que queremos e o que não queremos nos ajuda a aprender filtrar, não carregar pesos desnecessários.

Quadro 4 - Selecionando o que quero e o que não quero.

O QUE QUERO LEVAR COMIGO?	O QUE NÃO QUERO LEVAR COMIGO?
Minha fé	Mágoa de alguém
Pessoas honestas	Sentimentos de raiva
Pessoas com o mesmo propósito	Mentiras
Sentimentos de gratidão	Agressividade

Fonte: elaborado pela autora.

Quando conseguimos visualizar o que queremos e o que não queremos, dependendo da situação vamos lembrar a lista e, assim, nos ajudará em momento de difícil escolha.

Para responder às perguntas do quadro 4, mentalize algum conflito, problema ou situação que está vivenciando ou vivenciou, e escreva no mesmo caderno que traçou seu propósito de vida a resposta das perguntas como uma espécie de diário. Você pode também fazer o quadro com uma régua e lápis para seguir o modelo proposto.

O método

Quadro 5 - Aprendendo a fazer gerenciamento de conflitos.

REFLEXÃO					
PROBLEMAS	COMO REAGI?	O QUE SENTI?	QUAIS FORAM AS CONSEQUÊNCIAS?	COMO EU GOSTARIA DE TER REAGIDO?	QUAL MUDANÇA MINHA É NECESSÁRIA?
Exemplo: Discuti com meu (minha) companheiro(a) Discuti com um membro da minha equipe A pessoa X está tendo um comportamento que não me agrada	Qual foi meu comportamento diante da situação? Qual foi a postura que eu tive?	Descrever sentimentos/ pensamentos (raiva, medo, ódio)	O que aconteceu? Brigou, gritou, xingou?	Se você não tivesse se desequilibrado como gostaria de ter agido?	Descreva o que você percebe que precisa mudar em você para melhorar

Fonte: elaborado pela autora.

Fazer o registro das informações potencializa e acelera o desenvolvimento do nosso aprendizado. Então, sugiro que as perguntas do quadro 5 sejam praticadas no mínimo por 21 dias escrevendo no caderno.

Esse exercício mental, exibido nos quadros 1, 2, 3, 4 e 5, quando realizado com foco, disciplina, resiliência e constância, nos ajuda a deixar de ser seres operantes para nos tornarmos seres pensantes. Ao explorar e desenvolver minuciosamente a

Capítulo 3

habilidade de autopercepção, autoanálise e autorreflexão, nosso cérebro fica mais atento a tudo que acontece interna e externamente a nós. Ativar nosso observador interno e ter a habilidade de auto-observação nos coloca um passo à frente de pessoas ou profissionais que não desenvolvem essas habilidades. Isso nos ensina a parar de "correr atrás da máquina", pois quando deixamos de ser operantes e nos tornamos seres pensantes, passamos a "andar na frente da máquina" de forma estratégica e ágil. Nossos *insights* acontecem rapidamente quando recebemos novas informações.

É com esta prática simples e fácil que vamos nos conhecendo de forma mais profunda e, com isso, despertamos nosso espírito/senso de liderança, nos tornando profissionais autênticos. Esta prática nos ajuda a expandir a inteligência emocional, tornando-nos mais habilidosos em lidar com conflitos internos e externos. De certa forma, quanto mais praticamos e treinamos o ato de refletir sobre nosso comportamento e sentimentos diante das situações que nos desequilibram, ao longo do tempo, alcançamos a maturidade emocional na qual os episódios de desequilíbrios mentais passam a não existir mais. Aprendemos a conversar mentalmente conosco de tal forma que nada mais nos abala a ponto de tirar nossa paz.

O método

Nesse sentido, manifesto aqui que, ao contrário do que muitos acreditam, a paz interior não tem a ver com sucesso profissional, mas sim com maturidade emocional. Quando alcançamos esse estágio mental, o sucesso profissional é alcançado de forma mais fácil, leve e rápida.

3.2.2 - As lesões emocionais

Ainda no passo 1, relacionadas à nossa inteligência emocional estão as lesões emocionais, como descritas no capítulo 2, no item 2.4.2. Elas são responsáveis por dificultar e até nos impedir de superarmos inúmeros desafios necessários para alcançar a maturidade emocional e, assim, explorar o potencial máximo de nossas habilidades. Vou me estender um pouco mais na explicação para que você consiga compreender a importância de tratar essas lesões.

Tratar as lesões acelerará o processo de desenvolvimento de nossa inteligência emocional, nos permitindo alcançar a maturidade emocional de forma mais rápida. Quando passamos pelo processo de tratamento das lesões emocionais, elas perdem o poder e a força de comandar nossas escolhas. Ou seja, elas não mais determinarão o rumo que tomamos em nossa jornada. Muitas vezes, essas lesões determinam nossas escolhas e, consequentemen-

Capítulo 3

te, nossos resultados. Como isso acontece? Vou explicar melhor.

Quantas vezes deixamos de fazer algo em nossa vida devido ao medo, pânico, sentimentos de rejeição ou inferioridade? Quando desistimos de algo por causa desses sentimentos (lesões emocionais), estamos renunciando à exploração de nosso potencial humano e, consequentemente, a melhores resultados. Isso afeta diretamente nossa situação financeira, porque essas lesões nos impedem de avançar profissionalmente, comprometendo o desenvolvimento de nossas habilidades comportamentais.

Quando decidimos passar pelo processo de tratamento das lesões, aceleramos o desenvolvimento de nossas habilidades. A figura a seguir demonstra isso de forma mais clara para melhor entendimento.

Figura 4 – Processo para potencializar as soft skills.

POTENCIALIZANDO AS SOFT SKILLS

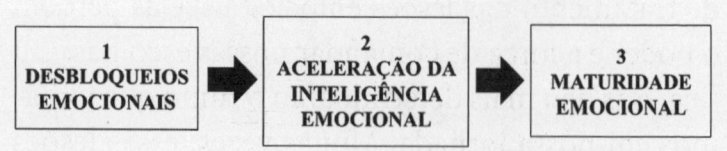

| 1 DESBLOQUEIOS EMOCIONAIS | → | 2 ACELERAÇÃO DA INTELIGÊNCIA EMOCIONAL | → | 3 MATURIDADE EMOCIONAL |

Fonte: elaborada pela autora.

O método

Propor-se a passar por esse processo, limpar nosso *drive* mental, mesmo que na maioria das vezes seja doloroso, torna nossa caminhada muito mais leve. Emocionalmente falando, é libertador e uma oportunidade de acelerar o desenvolvimento das *soft skills*.

Como tratar essas lesões?

Passando por um processo que denomino de 3Rs – restaurar, ressignificar e reprogramar informações, dores, registros mentais que adquirimos desde o ventre até os dias atuais. Alguns estudos já apontam que essas lesões também podem ser repassadas pela memória do DNA, provinda de antepassados. Todavia, tratar as lesões emocionais é algo muito delicado, sensível e individual. Portanto, quando essas lesões são acessadas, é necessário o acompanhamento de algum profissional que esteja preparado para ministrar tal vivência. Por esse motivo, não será descrita aqui nenhuma prática de tratamento das lesões emocionais. No entanto, é possível fazê-la com algum terapeuta e/ou em minhas mentorias *on-line* ou treinamentos presenciais.

Capítulo 3

3.2.3 - Gerenciamento de conflitos e as lesões emocionais

Apresentarei agora uma linha de raciocínio para que seja possível entender por que acontecem os conflitos e as pessoas explodem de forma desequilibrada em uma discussão – os "cabeças quentes" – ou se encolhem engolindo tudo – os "cabeças baixas". As nossas lesões emocionais são as grandes vilãs, pois são verdadeiros gargalos de desperdícios energéticos. Quando se manifestam como gatilhos mentais nas discussões, nos fazem perder tanta energia que, depois dos sentimentos de raiva e indignação, nos sentimos totalmente exaustos, sem fôlego, tristes e desmotivados. Então, identificar as lesões em nós e nas outras pessoas é o que nos ajudará a fazer o gerenciamento dos conflitos antes que aconteçam, para que, assim, seja possível anulá-los ou amenizá-los.

Para entender melhor o que quero explicar, vamos visualizar mentalmente uma linha vertical, denominada por mim de Linha Vertical da Maturidade Emocional. Imaginemos que essa linha fica localizada na zona da matriz original. Emocionalmente falando, é nessa linha que devemos permanecer conscientemente para conseguir gerenciar conflitos entre as pessoas, incluindo os que ocorrem em nosso interior. É muito importante compreender que quem nos tira dessa linha são as nossas lesões emocionais.

Quando nós, pessoas/profissionais, saímos dessa linha da maturidade emocional, surgem os conflitos, pois se manifestam sentimentos de superioridade, senso de liderança distorcido, tom de voz elevado, arrogância, baixa escuta ativa, excesso de confiança, posicionamento de dono da verdade, emoções são como bomba-relógio explodindo por qualquer motivo, ou seja, qualquer palavra pode acionar algum gatilho mental e fazer a lesão emocional assumir o comando da discussão, perdendo completamente o controle sobre nós mesmos.

Dependendo da forma como as pessoas reagem diante da lesão emocional, também podem desenvolver outras limitações como, por exemplo, se tornarem profissionais com excesso de escuta ativa, pouca comunicação efetiva, baixo senso de liderança, excesso de empatia, pouca proatividade; só fazem o que é mandado; funcionam mais no operacional do que no estratégico; as emoções são de vidro, qualquer coisa fica abalada emocionalmente, se fechando em uma bolha de proteção; zero senso de liderança. Ambas as persona-

Capítulo 3

lidades, tanto o "cabeça quente" quanto o "cabeça baixa", estão fora da linha vertical da maturidade emocional. Os dois perfis geram conflitos, pois o "cabeça quente" quase não tem paciência e o "cabeça baixa" tem em excesso, fazendo com que a entrega seja muito fraca, pouco resolutiva, sem conseguir entender. Na verdade, um não entende o outro. Entretanto, na medida em que vamos aprendendo a identificar as lesões emocionais em nós e nos outros, bem como quando estamos fora da nossa linha vertical da maturidade emocional, esses conflitos começam a ser minimizados.

Muitas pessoas são verdadeiras pedras preciosas, porém devido as suas lesões emocionais, se posicionam com superioridade ou submissas demasiadamente. O que precisamos entender aqui é que não precisamos ser "cabeças quentes" ou "cabeças baixas", pois, ao aprendermos a nos observar, vamos aos poucos nos corrigindo e buscando sempre estar nessa linha emocional. Quando estamos nela, conseguimos ver os dois lados da situação e encontrar de forma mais rápida a solução para os conflitos existentes independentemente do ambiente em que possam ocorrer.

O método

Também é importante entender que tanto os "cabeças quentes" quanto os "cabeças baixas" despendem de lesões emocionais semelhantes, como sentimentos de medo, insegurança, inferioridade, rejeição, provindas normalmente do meio em que foram educados na infância ou repassadas pela memória do DNA, herdadas dos antepassados.

Quantos de nós vivemos em um meio que dizia "engole o choro! você é muito burro mesmo, não faz nada direito! não faça isso! não faça aquilo! o que os vizinhos vão falar!" e assim por diante. Fomos amputados emocionalmente, travando o desenvolvimento de habilidades comportamentais devido ao tamanho de medos e inseguranças. Eu poderia citar aqui mil exemplos de como foram geradas as lesões emocionais na nossa infância e até, atualmente, em muitos de nossos relacionamentos tóxicos, mas a intenção é que possamos restaurar tudo isso, com tratamento e aprendendo a permanecer na Linha Vertical da Maturidade Emocional de forma consciente, encerrando o ciclo da lesão e não passando para a próxima geração.

Segue uma figura explicativa da linha imaginária para alcançar maturidade emocional e o gerenciamento de conflitos.

Capítulo 3

Figura 5 - Maturidade emocional para gerenciamento de conflitos.

ZONA DA MATRIZ ORIGINAL
(MATURIDADE EMOCIONAL)

GERENCIAMENTO DE CONFLITOS

Chefe manda
Falta de escuta ativa
Excesso de confiança
Arrogância
Emoções explosivas

Insegurança
Medo
Excesso de humildade
Só faz o que é mandado
Emoções de vidro

SENSO DE LIDERANÇA DISTORCIDO

BAIXO SENSO DE LIDERANÇA

Fonte: elaborada pela autora /
Figura: Freepik / Adaptação: Raul Vargas.

Quando conseguimos identificar as lesões emocionais nossas e das outras pessoas, tornando essa percepção consciente, já alcançamos 50% da cura no tratamento e já minimizamos muitos conflitos. Algumas técnicas e vivências nos ajudam a restaurar essas lesões, conseguindo administrá-las e não permitindo que assumam o comando de nossas emoções em meio a qualquer tipo de situação. Isso se denomina gerenciamento de conflito.

É preciso aprender a gerenciar antecipadamente as emoções para evitar possíveis conflitos.

O método

Também precisamos estender nosso olhar para observar e identificar quando as lesões emocionais das outras pessoas estão se manifestando a ponto de iniciar um conflito. Ter a habilidade de gerenciamento de conflito é uma *soft skill* importantíssima para nos ajudar a melhorarmos a *performance* pessoal/profissional e alcançar novos resultados, tornando possível alcançarmos a tão almejada independência financeira.

Em resumo, no passo 1 deste método, para conseguirmos alcançar maturidade emocional e mudanças comportamentais significativas, é preciso treinar a atenção para nós mesmos e para o ambiente externo de forma consciente, sempre ativando nosso observador mental para que fique monitorando em tempo integral o nosso sentir, pensar e agir, enquanto estamos acordados, e como nos comportamos diante do que acontece ao redor, no ambiente familiar, social e profissional. A intenção aqui é que, conforme vamos nos lapidando ao praticar as perguntas expostas no quadro 1, além de potencializarmos nossas habilidades, conseguimos nos conectar com a nossa essência única, pois aprenderemos também a nos conhecer de forma profunda para progredir pessoal/profissionalmente.

Capítulo 3

Passamos para o passo 2 do método PnSs, para potencializar duas habilidades que nos tornarão pessoas/profissionais ainda mais estratégicos, ágeis, nos diferenciando dos profissionais que não desenvolvem essas habilidades.

PASSO 2
POTENCIALIZANDO A NOSSA VISÃO SISTÊMICA E O *MINDSET* ÁGIL

Profissionais com visão sistêmica desenvolvida conseguem ter maior dinamismo/rapidez de raciocínio, inteligência organizacional, *mindset* ágil (mentalidade/pensamento ágil) em seu desempenho, contribuindo significativamente para melhoria contínua, redução de falhas, aumento de produtividade e maior capacidade de análise crítica independentemente em que setor atuará.

Cientes disso, neste passo vamos aprender a potencializar as duas habilidades (Visão Sistêmica e o *Mindset* Ágil). É importante destacar aqui que o grande pilar dessas duas habilidades também está na capacidade de observação, de ativar nosso observador interno para desenvolver uma percepção mais apurada diante de qualquer situação ou processo. Sendo assim, o

O método

passo 1 desse método já apresentado anteriormente também contribui para desenvolver as duas habilidades e o passo 2 também contribuirá para potencializar a maturidade emocional, ou seja, um passo contribui para desenvolver as habilidades do outro. Porém, neste passo vamos explorar ainda mais as duas habilidades, para que seja possível não só desenvolver, mas potencializá-las por diferentes estímulos.

3.3.1 - Potencializando a visão sistêmica e o *mindset* pelo observador

Quando desenvolvemos uma visão sistêmica avançada, nosso pensamento também se torna sistêmico e avançado, alcançando níveis mais elevados de percepção e análise crítica.

Para conseguir entender de forma mais clara sobre visão sistêmica, segue uma frase já muito utilizada no meio empresarial:

"Olhar para uma ÚNICA ÁRVORE, mas não perder o resto da floresta de vista."

(autor desconhecido)

Capítulo 3

Mas o que isso significa na prática? Precisamos olhar para um problema por vários ângulos, considerar várias situações, elementos, movimentos e ações das pessoas envolvidas. Todavia, para conseguirmos desenvolver essa habilidade com excelência, é necessário tornar perguntas como as descritas a seguir rotineiras em nosso dia a dia: o que está oculto aos olhos? O que está nas entrelinhas? Como se fosse um binóculo, precisamos aprofundar nosso olhar e a interpretação dos fatos, movimentos e ações a ponto de conseguir fazer a leitura completa e fidedigna dos processos.

Conseguir avaliar os processos fazendo uma leitura do cenário de forma complexa e minuciosa de tudo e todos ao nosso redor, perguntar para outras pessoas o que enxergam diante da mesma situação, analisar e compreender meus movimentos e minhas ações, também o de outras pessoas, ligando diversos fatos e elementos presentes em cada processo faz com que essa habilidade se torne mais assertiva e eficiente.

1. É necessário conhecer muito bem os fluxos de processos não somente da empresa, mas os que permeiam nossa vida e nosso desenvolvimento pessoal;

O método

2. Devemos identificar o estado atual e o desejado, ou seja, como uma situação está e como eu desejaria que estivesse;

3. Buscar melhorias progressivamente é fundamental, monitorando constantemente;

4. Devemos enxergar os obstáculos e a origem deles a fundo, buscando sempre identificar a causa raiz dos problemas.

Para potencializar essa habilidade, é necessário entender que é preciso desenvolver uma atenção diferenciada perante os fatos, situações, ações e movimentos que ocorrem tanto no ambiente externo quanto em nosso interior (pensamentos, sentimentos, emoções). Portanto, no passo 2, assim como no passo 1, precisamos ativar nosso observador interno continuamente, quando direcionamos a atenção para nós ou algo simultâneo ao nosso novo entendimento, a visão sistêmica começa a ser potencializada; porém, é necessário praticar. Então, o mecanismo de ativar nosso observador de forma intensa é primordial para desenvolver um olhar mais apurado e um raciocínio mais ágil, lembrando que um apoia e desenvolve o outro, ou seja, as duas habilidades se desenvolvem juntas.

Capítulo 3

Quando consigo ter a habilidade de fazer meu observador ficar ativo em tempo integral enquanto estiver acordado, a minha forma de olhar se torna mais crítica, mais ampla, para o todo ao redor de mim, com os processos que envolvem nossa vida pessoal, profissional, na empresa em que atuamos, com os colaboradores e/ou colegas de setor e assim por diante.

3.3.2 - Colocando em prática o treinamento dessas duas habilidades

Olhar para uma figura e descrever com detalhes tudo o que você consegue visualizar, buscando sempre fazer a leitura dos movimentos e ações que estão nas entrelinhas, ou seja, oculto aos olhos, porém possível de visualizar se ampliar a visão. É importante entender nesse momento que a visão sistêmica precisa identificar o que os olhos estão enxergando e o que os olhos não estão enxergando, porém, ao ampliar/expandir a visão, torna-se possível identificar.

Para entender melhor o que estou querendo explicar aqui, convido você para fazer comigo o exercício a seguir apresentado na figura 2. São exercícios como este que vão ajudar você a potencializar as habilidades (visão sistêmica e *mindset*

O método

ágil). Entretanto, sugiro que antes de ler a resposta abaixo da figura 2, faça o exercício sozinho(a).

Tente olhar para a figura e descrever em seu caderno tudo o que consegue visualizar e analisar. Depois, confira a resposta para ver se deixou de analisar algum detalhe ou se conseguiu analisar mais detalhes que os descritos. Se conseguiu observar novos detalhes do que está descrito, sua visão sistêmica e raciocínio já estão muito bons, mas não é o suficiente, é necessário seguir avançando com figuras mais complexas, objetos, entre outros.

Figura 6 - Potencializando a visão sistêmica e o *mindset*.

Fonte: elaborada pela autora.

Capítulo 3

Analisando a figura 6: o que podemos observar nessa figura? É possível observar, em primeiro momento, o que os olhos conseguem ver, como as nuvens, o cavalo, o céu azul, o rio, mas o que podemos observar que estaria oculto aos olhos? Por exemplo, para onde o cavalo está olhando? Existe alguém em cima do cavalo? Se observarmos a rédea, ela não está caída. Então, podemos considerar que alguém está montando o cavalo e que ele pensa em atravessar o riacho. Quando o cavalo olha para frente, como na imagem, ele está se projetando para seguir. Podemos dizer que o cavalo está parado se preparando para outro movimento ou talvez dizer que está em uma fazenda e assim por diante. Quando observamos, é preciso desenvolver a habilidade de interpretar e enxergar tudo o que está conectado à situação, problema, conflitos, ações, movimentos, pensamentos, sentimentos.

Uma dica que compartilho aqui é a forma como organizo os elementos que vou observando ao analisar os processos, figuras, movimentos e ações. Esse formato de organização ajuda muito no treinamento para expandir a nossa habilidade de visão sistêmica e desenvolver um raciocínio ágil. A seguir, um modelo para organizar os elementos identificados nas observações.

O método

Quadro 6 - Modelo para organizar os elementos identificados nas observações.

O QUE MEUS OLHOS ENXERGAM?	O QUE ESTÁ OCULTO AOS OLHOS, MAS CONSIGO INTERPRETAR?
Cavalo com rédea	Direção do cavalo
Nuvens	Pessoa montando
Céu azul	Cavalo calmo
Rio	

Fonte: elaborado pela autora.

Coloco em uma coluna todos os elementos que minha visão está enxergando e, na outra coluna, o que está oculto à minha visão. Desse modo, vou listando em uma tabela. Sugiro que, quando for fazer, não o faça em um único dia, pois a visão vai expandindo ao longo dos dias e acabamos por encontrar novos elementos importantes a serem adicionados na tabela.

Cada vez que nos colocamos à disposição para observar de forma intensiva e direta uma figura, objeto, situação, problema, conflitos, precisamos treinar nosso olhar e raciocínio para enxergar e interpretar o que está oculto aos olhos, ou seja, "olhamos para uma árvore, mas não perdemos a floresta de vista". No exemplo dado, ao olharmos para o cavalo que seria a árvore, mas consideran-

Capítulo 3

do todo o resto envolvido, o que enxergamos e o que não enxergamos. Quanto mais treinarmos nosso cérebro, estimulando-o com diferentes formas de análise para observar algo, automatizará essa habilidade de observação como um novo hábito mental comportamental.

Podemos fazer esse exercício também nos ambientes e em nossa casa, observando fatos ou situações que acontecem no dia a dia nos processos que envolvem nossa vida pessoal e/ou o ambiente de trabalho, para estimular ainda mais o desenvolvimento da nossa visão sistêmica e *mindset*. A seguir, descreverei um exemplo de processo que acontece em nossa vida diária, para que consiga entender melhor como explorar as duas habilidades analisando diferentes processos, situações, fatos, movimentos e ações.

3.3.3 - Analisando processos para expandir ainda mais a visão sistêmica e o *mindset* ágil

Em meus treinamentos, gosto de ensinar as pessoas a analisarem um processo com um exemplo prático e simples do cotidiano. Aprender a observar os processos, tanto os pessoais – que regem nossa vida – quanto os que acontecem no local onde trabalhamos, nos torna profissionais

O método

mais estratégicos e com raciocínio rápido, desenvolvendo soluções efetivas e eficientes para os problemas. Entretanto, é preciso aprender a visualizar onde o processo inicia e finaliza, para que seja possível mapear e identificar quais são os movimentos e ações que devem ser modificados para potencializar nossos resultados e/ou do local em que trabalhamos. Vou descrever um processo que ocorre em nossa rotina.

Para lavarmos a roupa em casa, o primeiro passo do processo é separar a roupa suja dentro de um cesto ou direto na máquina de lavar. Se a roupa for para o cesto que está no banheiro, ainda teremos que ter o trabalho de levar a roupa até a máquina. Agora, se cada um da casa colocar a roupa suja direto na máquina, o processo ficará mais enxuto, com uma ação a menos. Nesse caso, economizará tempo da pessoa que fará a lavagem.

O segundo passo do processo é colocar sabão e amaciante nos compartimentos, fechar a tampa da máquina e ligá-la para iniciar o processo de lavagem. Em seguida, inicia-se o terceiro passo do processo, retirar a roupa da máquina após a lavagem. O quarto passo é estendê-la para secar ou colocar na secadora. Após a roupa seca, inicia-se o quinto passo do processo, que é recolher a roupa do varal ou retirar da secadora. O sexto passo

Capítulo 3

é dobrar a roupa e/ou passar e dobrar. O sétimo passo é guardar a roupa nas gavetas ou dependurá-las nos cabides.

Ao todo, foram necessários 7 passos dentro do processo de lavar a roupa, para que a mesma fique limpa para ser utilizada novamente. A figura a seguir representa este passo a passo.

Figura 7 - Processo detalhado de lavar a roupa.

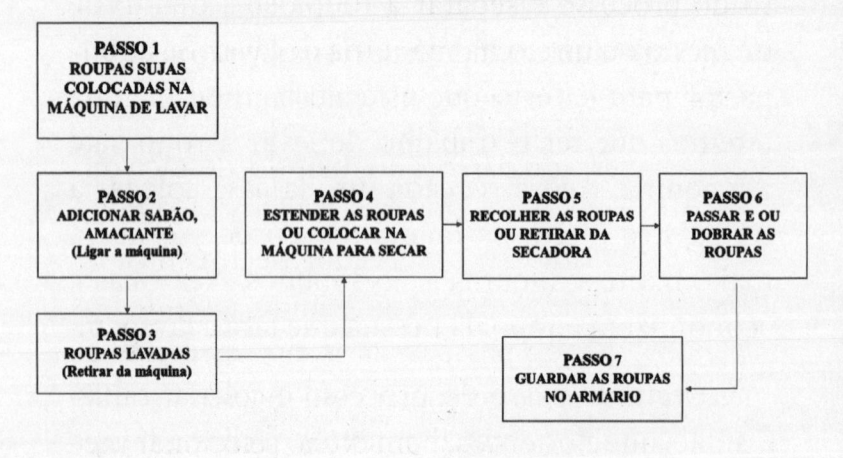

```
┌─────────────────┐
│ PASSO 1         │
│ ROUPAS SUJAS    │
│ COLOCADAS NA    │
│ MÁQUINA DE LAVAR│
└────────┬────────┘
         │
┌────────▼────────┐   ┌──────────────────┐   ┌─────────────────┐   ┌──────────────┐
│ PASSO 2         │   │ PASSO 4          │   │ PASSO 5         │   │ PASSO 6      │
│ ADICIONAR SABÃO,│   │ ESTENDER AS ROUPAS│──▶│ RECOLHER AS ROUPAS│─▶│ PASSAR E OU │
│ AMACIANTE       │   │ OU COLOCAR NA    │   │ OU RETIRAR DA   │   │ DOBRAR AS    │
│ (Ligar a máquina)│  │ MÁQUINA PARA SECAR│  │ SECADORA        │   │ ROUPAS       │
└────────┬────────┘   └──────────────────┘   └─────────────────┘   └──────────────┘
         │                    ▲
┌────────▼────────┐           │              ┌─────────────────┐
│ PASSO 3         │           │              │ PASSO 7         │
│ ROUPAS LAVADAS  │───────────┘              │ GUARDAR AS ROUPAS│
│ (Retirar da máquina)│                      │ NO ARMÁRIO      │
└─────────────────┘                          └─────────────────┘
```

Fonte: elaborado pela autora.

Quantos processos acontecem ao mesmo tempo que envolvem a rotina diária: banho, refeições, trabalho, relacionamentos, entre outros. Nesses processos existem, além de movimentos e ações, padrões de pensamentos e de sentimentos. É pre-

O método

ciso aprender a mapear, analisar tudo o que acontece ao nosso redor, estar consciente, para conseguirmos alcançar as mudanças necessárias, tanto na vida pessoal como na profissional.

Quando aprendemos a olhar nossos processos de forma ampla e crítica buscando melhoria, percebemos o que nos impede de avançar profissionalmente: medos, limitações, bloqueios, comportamentos, como tratamos o próximo, principalmente as pessoas a quem mais amamos. Ao avançarmos no desenvolvimento das habilidades, alcançamos maturidade emocional, visão sistêmica avançada e um raciocínio mais ágil.

Para encerrar o passo 2 do método, destaco outro ponto importante em desenvolver a habilidade de ativar o nosso observador pela técnica de observação direta intensiva. Quando aprendemos a nos observar e a pessoas, fatos, processos, situações, conseguimos gerenciar com maestria conflitos internos e externos, bem como selecionar melhor companhias, amigos e quem fará realmente parte de nossa vida, quem será convidado para entrar em nossa casa. De certa forma, aprendemos a nos defender de situações que podem nos trazer problemas futuros, como profissionais com desafios de conduta ou negócios que poderiam nos prejudicar futuramente. Utilizar a técnica de

Capítulo 3

observação direta intensiva em nossa rotina diária nos ajuda a fazer uma leitura minuciosa de tudo que acontece conosco e ao nosso redor, potencializando a visão sistêmica e a mentalidade ágil.

PASSO 3
DESTRAVANDO NOSSO POTENCIAL

Este passo sugere ação, treinamento e monitoramento para colocar em prática os passos 1 e 2. Praticar a técnica de observação direta intensiva constantemente, de forma resiliente, para ensinar o cérebro a automatizar o hábito de utilizar o nosso observador interno em tempo integral.

A seguir, sugestões de como entrar em ação, treinar e monitorar para que possamos potencializar as *soft skills* pelo método ensinado aqui.

Como destravar nosso potencial? Já é conhecido que todos nós seres humanos temos muito potencial, porém precisamos transformá-lo em uma potência. Para que isso aconteça, é necessário treinamento, colocar em prática toda a teoria passada neste livro. Essa potência só será alcançada ao utilizarmos a técnica de observação direta intensiva, por isso é necessário praticar diária e constantemente o que está sendo ensinado aqui, treinan-

O método

do e monitorando os passos 1 e 2, até que nosso observador fique ativo de forma automatizada no cérebro, como um novo hábito de comportamento mental. Quanto mais estivermos conectados e conscientes do que acontece em nosso interior e no ambiente externo, nos tornaremos pessoas/profissionais mais estratégicos e ágeis.

A técnica de observação direta intensiva, se praticada diariamente (repetidas vezes), ativará nosso observador e potencializará a autopercepção e a autoconsciência sobre sentimentos, pensamentos, comportamentos e habilidades. É fato que, quando adquirimos autoconsciência, aceleramos o processo de desenvolvimento pessoal. Para que isso aconteça, é fundamental que, ao adquirir a consciência do que precisa ser aperfeiçoado, executemos as mudanças necessárias e o monitoramento delas a fim de que comportamentos antigos não retornem. Só assim será possível alcançar novos resultados na vida pessoal e profissional.

Segundo a teoria de Maxwell Maltz (1960), o cérebro precisa de 21 dias para começar a automatizar novos hábitos mentais, porém o autor descreve que seria a partir de 21 dias, ou seja, nada estático. Outros estudos citam mais tempo,

Capítulo 3

como o de Jane Wardle, da University College de Londres, publicado em 2012, o qual descreve que seriam necessários 66 dias. Todavia, o que precisamos compreender é que somos seres únicos e cada um terá seu tempo para automatizar o exercício como hábito mental diário.

Independentemente se demorar 1, 2 ou 8 meses, é importante entender que criar um hábito comportamental não é um processo de tudo ou nada, entretanto só conseguiremos automatizar um hábito mental novo se fizermos treinamento diário, como para desenvolver quaisquer habilidades (música, jogos etc.). Portanto, é preciso persistir e ser constante para alcançar novos hábitos mentais e comportamentais. Você pode treinar 2x ou 3x por semana, mesmo assim o processo de aprendizado do cérebro para automatizar o novo hábito mental ficará um pouco mais demorado.

Dicas para alcançar o novo hábito comportamental:

- Ativar nosso observador durante o dia, com uma boa dose de resiliência;
- Mudar o que precisa ser mudado: comportamentos, tipos de pensamento, vo-

O método

cabulário utilizado, situações positivas e negativas; monitorar para que novos hábitos comportamentais se tornem automatizados em nós;

- Observar as perguntas do quadro 1: como estou agindo, qual é meu posicionamento diante das mais diferentes situações; buscar a melhoria contínua com autopercepção;

- Desenvolver escuta ativa;

- Tornar-se avaliador constante de si próprio e do ambiente ao seu redor;

- Traçar um plano de ação para colocar em prática os novos hábitos comportamentais (mudança) que deseja alcançar;

- Colocar em prática o que precisa ser melhorado, monitorando-se.

É preciso fazer o monitoramento diário das emoções e pensamentos, das falas (conversas), da nossa postura diante da vida e das diversas situações que se apresentam na rotina diária, com filhos, marido, pais, amigos, familiares, colegas de trabalho, no trânsito etc.

Capítulo 3

3.4.1- Estado de flow

Você já ouviu falar sobre o estado de flow?

O estado de *flow* é uma habilidade mental de alcançar níveis elevados de concentração mental em uma tarefa que estamos fazendo. Quando realizamos uma tarefa e estamos tão imersos (concentrados) que nenhum barulho nos incomoda, sentimos uma sensação de calma, prazer e foco total na tarefa que está sendo realizada. Quando conseguimos entrar em estado de *flow*, sentimos efeitos positivos como maior foco e concentração, aumento da produtividade em até cinco vezes e bem-estar (GAMEIRO, 2021).

Desenvolver a habilidade de entrar em estado de *flow* nos ajuda a potencializar a técnica de observação que está sendo ensinada aqui, e vice-versa, porque aprendemos a ativar nosso observador interno para entrar em estado de *flow* de forma mais rápida. Por isso, é preciso fazer exercícios que ensinarão a mente a entrar no estado elevado de concentração e nosso observador ativo ajudará nesse processo.

Para realizar esse treinamento, sugiro práticas diárias de *Mindfulness*, exercícios que ajudarão no direcionamento consciente da atenção para o momento presente, os quais favorecerão a entrar

O método

em estado de *flow* com o tempo. Em meus treinamentos presenciais, ensino um exercício específico para treinar o estado de *flow*.

3.4.2 Rompendo a fronteira das limitações pessoais

Para avançar no desenvolvimento das *soft skills*, é preciso trabalhar na zona do desconforto, a qual representa medos, inseguranças, sentimento de inferioridade, tudo isso atrelado às lesões emocionais. Com esse intuito, sugiro praticar atividades diferenciadas escolhendo aquelas em que se tem mais medo. Por exemplo, eu tinha muito medo de andar a cavalo, então me inscrevi em aulas de equitação. Em três anos de treinamento, superei muitos medos.

Em minhas mentorias e treinamentos, conheci pessoas com diferentes medos: de água, de altura, de andar de barco, pânico de falar frente às câmeras, de falar em público, do que as pessoas pensariam dela e assim por diante. Se observarmos atentamente, somos seres cheios de medos e inseguranças, por isso muitas vezes não alcançamos bons resultados profissionais. Então, busque colocar-se à disposição para superar quaisquer tipos de medo e avançar para outros níveis de autossuperação.

Capítulo 3

Ao superar medos e limitações, tratamos as lesões emocionais e avançamos em nosso desenvolvimento. Uma sugestão é que pratiquem esportes ou aventuras para superar o medo. Por exemplo: se tem medo de água, aprenda a nadar; depois, explore a natação em diferentes meios aquáticos: mar, rio e lagoa, para ganhar autoconfiança.

Com as aulas de equitação, a liderança e a autoconfiança potencializaram muito, me colocando em outros níveis profissionais. Perder o medo do cavalo refletiu para que eu perdesse o medo de lidar com diferentes situações na minha vida profissional.

Seguir o passo a passo deste método utilizando a técnica de ativar nosso observador, nos torna profissionais ágeis, estratégicos e com uma visão de nós mesmos mais apurada, nos oportunizando a sermos pessoas melhores a cada dia, não somente em nossas habilidades, mas também porque aprendemos a nos observar e analisar comportamento e postura diante de "tudo e de todos", assim nos lapidando como verdadeiras pedras preciosas.

DICAS DE OURO

Quando as pessoas/profissionais conseguem desenvolver e potencializar os três pilares das soft skills (maturidade emocional, visão sistêmica avançada e uma mentalidade ágil) acabam se tornando profissionais mais estratégicos e indispensáveis para uma empresa, assim tendendo a assumirem cargos mais elevados em sua jornada.

Ninguém é superior a ninguém e ninguém é inferior a ninguém, estamos todos na mesma linha da matriz original. Então, cure-se das lesões emocionais que colocam você em situações de sentir-se superior ou inferior as outras pessoas. Isso fará com que alcance maturidade emocional e, com ela, paz interior.

Todos somos verdadeiras pedras preciosas. Mas, como toda pedra, para alcançar o brilho máximo, é preciso lapidação.

Por Caren Fernanda Muraro

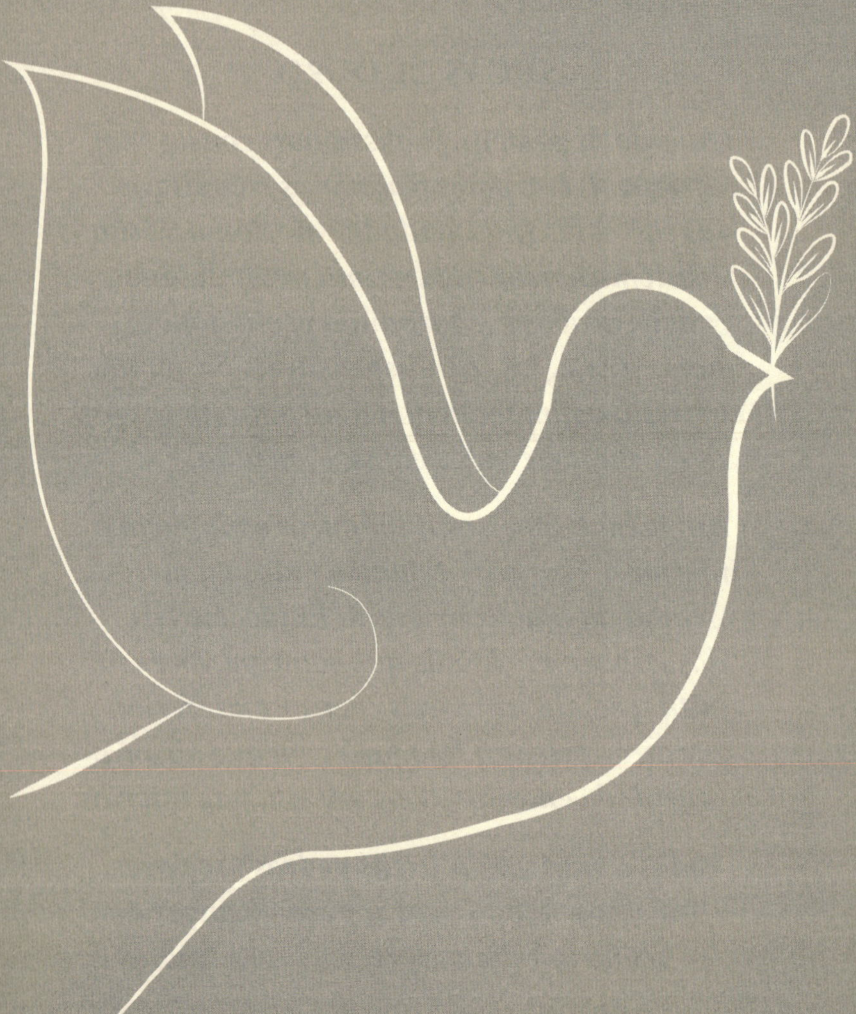

Capítulo 4

Seja imparável assim como Jesus foi

Neste capítulo, vamos analisar quais foram as principais *soft skills* (habilidades comportamentais) de Jesus para que seu modelo de liderança alcançasse tamanho impacto. Com base no método apresentado no capítulo 3, vamos entender como praticar o modelo de liderança mais influenciador, inspirador e incorruptível que a história da humanidade já testemunhou.

Capítulo 4

Neste capítulo, teremos a participação de coautoria de Raul Vargas, líder de jovens por 8 anos, presbítero e apaixonado pelas escrituras há mais de 12 anos.

4. SEJA UM LÍDER COM A MESMA ESSÊNCIA DA LIDERANÇA DE JESUS

Jesus influenciou e continua influenciando na mudança do comportamento de milhares de pessoas até hoje, mesmo já tendo passado mais de 2.000 anos.

Em João 13:34-35, Jesus demonstra a real intenção de nos ensinar sobre o quão importante é amarmos uns aos outros, para que possamos seguir seu modelo de liderança, apoiados por este amor maior. Quando Ele fala: "Um novo mandamento dou a vocês: amem-se uns aos outros. Como eu os amei", podemos entender o amor como um sentimento que, quando manifestado verdadeiramente, provoca mudanças significativas nas pessoas, não importando o ambiente. O amor que Jesus sentia era tão grande que, além de formar líderes com a mesma visão, ele deu a própria vida para cumprir seu propósito.

Quando comparamos os estudos que Jesus havia feito na época com os estudos atuais, no que se referem às *hard skills* (conhecimento técnico, diplomas, cursos de liderança, entre outros), percebemos que Ele não tinha acesso a nenhum conhecimento além das escrituras e das leis judaicas. Dessa forma, é possível observar que o grande destaque de sua liderança eram suas *soft skills* (habilidades comportamentais) como, por exemplo, sua maturidade emocional.

Podemos observar ainda que os liderados de Jesus, mesmo diante de tanta pobreza e passando por situações de extrema dificuldade, sem salário ou mesmo sem ter locais fixos para dormir, nunca o abandonaram e seguiram firmes no propósito de seu líder, o qual tomaram-no para si.

Faça o exercício de fechar os olhos e viajar mentalmente para aquela época. Pergunte-se: será que nós faríamos o mesmo que os apóstolos fizeram como liderados? E como líderes, será que seríamos íntegros e fiéis com nosso propósito, como Jesus foi com o dele, mesmo diante de tamanha provação, como a que passou no deserto, onde jejuou por 40 dias e 40 noites sem fracassar (Mateus 4:1-2)?

Jesus foi um ser humano que deixou grandes ensinamentos para nosso crescimento e desenvolvimento humano. Passou por muitos desafios e dificuldades: fome, sono, perseguições, traições, mentiras e até mesmo abandono, mesmo assim foi incorruptível, teve disciplina, foco, resiliência e constância em sua caminhada, tudo por seu propósito.

Capítulo 4

Esse modelo de liderança nos deixa a grande mensagem de que, mesmo Jesus em espírito sendo nossa luz guia, em sua forma humana, suportou tamanhas provações e se manteve firme em suas convicções, permanecendo como um grande líder exemplar. Sendo assim, podemos tê-lo como referência para nos amparar e motivar a seguir comportamento, personalidade e postura, entendendo que é possível sim alcançar tais habilidades e resultados.

Entretanto, para alcançarmos tal nível, é preciso fazer algo simples como conhecer a si mesmo, propor-se às mudanças necessárias, ter flexibilidade, ser adaptável para tais mudanças e tratar as lesões emocionais. Só assim teremos a oportunidade de ter resultados extraordinários e atingir uma nova realidade financeira.

É fato que Jesus foi um líder completo, diferente de todos os outros líderes humanos. Jesus foi único porque sua pessoa é única. Ele despendeu de muita singularidade em sua personalidade. Mas o que quero deixar claro é que, mesmo nunca alcançando a perfeição de Cristo, nós podemos e devemos, pelo seu exemplo de liderança, alcançar nosso melhor a cada dia, sempre nos apoiando n'Ele como referência de modelo a seguir.

Jesus tinha a perfeita consciência de si mesmo, e esta é a ideia central do método apresentado no capítulo 3. Entender quem somos de fato, em nossa essência, alcançar a maturidade emocional, descobrir nossas habilidades e desenvolver outras para potencializar ainda mais nossos resultados e alcançar nosso propósito. É preciso entender que a nossa vida financeira está atrelada a tudo isso, pois será por nossos resultados que ela melhorará.

Pelo método que aprendemos neste livro e usando como referência as 10 características do modelo de liderança de Jesus apresentadas neste capítulo, você conseguirá a cada dia despertar outros níveis de autoconsciência e autopercepção, para que seja possível potencializar suas *soft skills* e se conectar com sua melhor versão.

A seguir, apresentamos as 10 características que demonstram a verdadeira essência do modelo de liderança de Jesus e, quando desenvolvidas em nós, tornam-se chaves primordiais que abrirão os cadeados que nos impedem de alcançarmos níveis mais avançados de desenvolvimento pessoal e profissional.

CHAVE 1
ALCANCE A MATURIDADE EMOCIONAL DE JESUS

Quando olhamos para Jesus por meio das escrituras, é possível enxergar o tamanho de sua

Capítulo 4

maturidade emocional nas mais distintas situações. Por exemplo, quando ele foi ao deserto e acabou jejuando 40 dias e 40 noites, passando pelas provações físicas de necessidades básicas como fome, sede e frio, dormindo sem conforto algum. Ou quando, mais tarde, passando pelos questionamentos dos doutores da lei da época, foi perseguido, e até mesmo quando seus discípulos o negaram e o traíram (Judas e Pedro), ou ainda, na cruz, mesmo debilitado, pede a Deus que lhes perdoe, pois não sabem o que fazem.

Isso demonstra o primeiro passo que precisamos dar para ter uma liderança exemplar, maturidade emocional, a qual é alcançada pela inteligência emocional que, colocada em prática diariamente, se desenvolve até se tornar um novo hábito comportamental. Aí, sim, alcançamos a maturidade emocional, ou seja, a capacidade de sustentar definitivamente o equilíbrio emocional mesmo diante do caos. Isso não significa que não sentiremos raiva, tristeza ou outras emoções, mas, sim, que não permitiremos que essas emoções assumam o comando de nossas vidas e escolhas.

Segundo estudos de Goleman em 2017 e 2021, a inteligência emocional representa até 80% de nosso sucesso profissional. Fica claro o quanto é necessário desenvolver essa habilidade para alcançar a maturidade emocional. Podemos também entender que o modelo de liderança de Jesus estava apoiado nessa habilidade. Não podemos deixar de ressaltar o nível avançado dos valores éticos e morais que estavam continuamente presentes no comportamento incorruptível de Jesus.

Muitas passagens descritas nas escrituras, como em Mateus, Marcos, Lucas e João, descrevem fatos históricos sobre Jesus. Mesmo diante de inúmeras situações conflitivas e difíceis, Ele seguia expandindo suas aptidões para diferentes domínios da vida pública e pessoal. Assim, é possível observar que a maturidade emocional era uma das habilidades de maior destaque no modelo de liderança de Jesus, pois ministrava com excelência em diversas situações, lidando com o gerenciamento de conflitos entre seus liderados e as próprias emoções.

Podemos observar essa maturidade emocional na passagem de Mateus, quando Jesus está dormindo no barco, uma forte tempestade começa e seus discípulos ficam extremamente apavorados. "[23]Entrando ele no barco, seus discípulos o seguiram. [24]De repente, uma violenta tempestade abateu-se sobre o mar, de forma que as ondas inundavam o barco. Jesus, porém, dormia. [25]Os discípulos foram acordá-lo, clamando: 'Senhor, salva-nos! Vamos morrer!' [26]Ele perguntou: 'Por que vocês estão com tanto medo, homens de pequena fé?'" (Mateus 8:23-26).

Capítulo 4

Percebemos o nível de maturidade emocional de Jesus em situações de alta pressão emocional. Isso nos leva a refletir sobre como agimos em tais situações. Qual é o nível de desequilíbrio emocional diante das diferentes situações de alta pressão e cobrança que enfrentamos no dia a dia, tanto no ambiente familiar quanto no profissional?

O modelo de liderança de Jesus demonstra o quanto Ele é transformacional, tanto em seus liderados quanto em seus seguidores, incluindo perseguidores. Muitas vezes, eles o admiravam pela grande habilidade socioemocional, ou seja, capacidade de conviver e influenciar até mesmo as pessoas que o rejeitavam e o criticavam. Mesmo diante dessas pessoas, Ele seguia firme em sua abordagem de liderança, com excelente escuta ativa, verbalizando sempre uma comunicação verdadeira e de alma. Essas características tornavam sua fala efetiva, qualitativa, inspiradora e influenciadora.

Também podemos observar que a maturidade emocional de Jesus estava diretamente ligada à paz de espírito. Isso nos faz compreender que o desenvolvimento da inteligência emocional nos leva a alcançar a maturidade emocional. É esse estado mental de paz interior que tanto buscamos.

Nesse sentido, um ponto importante a ser destacado é que, para alcançar uma liderança com excelência baseada no modelo de Jesus, é preciso desenvolver a consciência de si mesmo, assim como Ele tinha. Será essa autoconsciência que nos levará a alcançar a maturidade emocional rapidamente. Portanto, ao praticarmos o primeiro passo do método apresentado aqui, estamos potencializando a autoconsciência e a autopercepção, pois essa mentalidade amadurecida, estruturada emocionalmente e baseada no amor, abrirá portas para alcançar novos resultados.

Quando falamos sobre ter consciência de si mesmo para desenvolver a maturidade emocional, no livro de Mateus, vemos Jesus questionando seus discípulos sobre quem achavam que Ele era. "¹³Chegando Jesus à região de Cesareia de Filipe, perguntou a seus discípulos: 'Quem os homens dizem que o Filho do homem é?' ¹⁴Eles responderam: 'Alguns dizem que é João Batista; outros, Elias; e, ainda outros, Jeremias ou um dos profetas'. ¹⁵'E vocês?', perguntou ele. 'Quem vocês dizem que eu sou?' ¹⁶Simão Pedro respondeu: 'Tu és o Cristo, o Filho do Deus vivo'" (Mateus 16:13-16).

Percebemos o quanto Jesus sabia de si mesmo e como se conectava com sua essência única, sua matriz original. Ele tinha clareza sobre seu propósito, sua missão e seus dons.

Quando conhecemos mais sobre nós mesmos, começamos a desenvolver maior clareza mental

Capítulo 4

sobre quem somos. Essa habilidade de saber observar-se, de autopercepção está intrinsecamente ligada ao processo de desenvolvimento da inteligência emocional, nos permitindo alcançar a maturidade emocional.

Maturidade emocional e amor

Outra característica apresentada por Jesus em sua maturidade emocional é o amor. É possível observar, em muitas passagens nas escrituras, que Jesus manifestava muito amor na fala e no comportamento. Ele era sempre muito educado e respeitoso com todas as pessoas, mantendo-se constantemente na linha vertical da maturidade emocional. Jesus não se sentia nem superior nem inferior a ninguém, tratando todas as pessoas da mesma forma. Para ele, ninguém era superior ou inferior a qualquer coisa ou alguém.

Em Filipenses 2:5-7, as escrituras mostram exatamente o comportamento de Jesus, quando fala: "[5]De sorte que haja em vós o mesmo sentimento que houve também em Cristo Jesus, [6]Que, sendo em forma de Deus, não teve por usurpação ser igual a Deus, [7]Mas esvaziou-se a si mesmo, tomando a forma de servo, fazendo-se semelhante aos homens".

Nessa passagem, Paulo escreve a carta para igreja de Filipos para advertir os filipenses a serem como Jesus. Jesus poderia ter negado sua missão, seu chamado porque todos temos livre-arbítrio, mas aceitou passar dores, perseguições, angústias, tristezas, escolheu a forma de servo, ou seja, daquele que serve, mesmo sabendo que seu final seria próximo e passaria pelo auge da dor humana. Ele poderia ter escolhido não passar por tudo o que passou, sendo um homem comum como todos os outros na época, porém escolheu a porta estreita, em vez da fácil. Quantos de nós escolhe a porta estreita? Quantos de nós negam sair da zona de conforto?

Jesus só alcançou seu propósito porque se sujeitou a passar pelos processos necessários para alcançar tal vitória. Ele se sujeitou a trabalhar continuamente na zona de desconforto e foi essa mentalidade e esse movimento que fez com que tivesse tamanho êxito em sua caminhada.

Outro grande ensinamento que Jesus nos deixa é que, mesmo tendo tamanhos dons de cura e habilidades comportamentais desenvolvidas, sempre se colocava no lugar de quem serve, jamais em lugar de superioridade, como se fosse melhor que os outros; pelo contrário, demonstrava amor e humildade em sua fala e ações.

Também é possível observar o nível de amor que tinha pelos liderados, ajudando-os, inclusive, com questões da vida pessoal. Igualmente manifestava este amor com todas as pessoas.

Capítulo 4

Em Marcos 10:46-52, vemos esse amor com aqueles que o seguiam: "⁴⁶ Então, chegaram a Jericó. Quando Jesus e seus discípulos, com uma grande multidão, estavam saindo da cidade, o filho de Timeu, Bartimeu, que era cego, estava sentado à beira do caminho pedindo esmolas. ⁴⁷Quando ouviu que era Jesus de Nazaré, começou a gritar: 'Jesus, Filho de Davi, tem misericórdia de mim!' ⁴⁸Muitos o repreendiam para que ficasse quieto, mas ele gritava ainda mais: 'Filho de Davi, tem misericórdia de mim!' ⁴⁹Jesus parou e disse: 'Chamem-no'. E chamaram o cego: 'Ânimo! Levante-se! Ele o está chamando'. ⁵⁰Lançando sua capa para o lado, de um salto, pôs-se de pé e dirigiu-se a Jesus. ⁵¹'O que você quer que eu lhe faça?', perguntou-lhe Jesus. O cego respondeu: 'Mestre, eu quero ver!' ⁵² 'Vá', disse Jesus, 'a sua fé o curou'. Imediatamente ele recuperou a visão e seguia a Jesus pelo caminho".

Nesta passagem, enquanto muitos se incomodavam com os gritos do homem cego, vemos Jesus pedindo que o chamassem e, num ato de amor e compaixão ao próximo, o curou.

É interessante observar que Jesus pergunta ao homem cego o que ele deseja que Jesus faça. Para muitos, seria óbvio que a maior vontade de alguém que está cego é recuperar a visão. No entanto, historicamente, os cegos e as pessoas com outras doenças, como a hanseníase (vulgarmente conhecida como lepra), eram excluídos da sociedade. Muitas vezes, eram colocados para viver fora da cidade e isolados do convívio social, dependendo da caridade alheia para obter comida e vestimenta.

Quando Jesus faz a pergunta, ele não está apenas devolvendo a visão ao homem, mas também dando-lhe a chance de recuperar uma vida digna, de reunir-se com a família, de ter um emprego e de sustentar a si mesmo. É isso que o amor faz: transforma ambientes, trata feridas, reúne famílias e modifica vidas.

Nós, enquanto líderes, temos muita responsabilidade com a vida das outras pessoas. Nossas palavras e atitudes, quando colocadas com amor, podem construir algo lindo na vida do próximo. Entretanto, quando colocadas com raiva, mágoa, intolerância, soberba, arrogância, podem destruir a vida e os sonhos de uma pessoa. Deixo aqui mais esta reflexão para que observemos nossa postura e nosso vocabulário diante das pessoas que compartilhamos vida pessoal e/ou profissional.

Muitos estudos já apontam grandes benefícios ao estimular o sentimento de amor nas pessoas. O hormônio da ocitocina, quando liberado em nosso cérebro, gera sentimento de satisfação, alegria e entusiasmo, promovendo maior capa-

Capítulo 4

cidade de laços sociais. Isso nos ajuda muito no gerenciamento de conflitos e torna o trabalho diário mais satisfatório, o que, com certeza, reflete em melhores resultados.

Observando Jesus, podemos perceber o quanto Ele utilizava palavras e comportamentos de amor, respeito mútuo e acolhimento. Dessa forma, estimulava o hormônio do amor, a ocitocina, em seus liderados, seguidores e até mesmo em seus perseguidores.

Sendo assim, fica claro o quanto é importante utilizarmos o amor nas palavras e atitudes. De forma consciente, isso nos permite liberar a ocitocina, o hormônio do amor, em nós mesmos e nas outras pessoas. Essa prática favorece um ambiente mais agradável para o trabalho e reduz os conflitos, possibilitando um desempenho superior das pessoas e dos profissionais.

Independentemente de limitações e dificuldades, nunca devemos parar a busca por uma liderança mais humanizada e com amor como a de Jesus. Como Ele afirmou em Mateus 5:43-44: "Vocês ouviram o que foi dito: 'Ame o seu próximo e odeie o seu inimigo'. Mas eu digo: Amem seus inimigos e orem por aqueles que os perseguem".

Como nos comportamos com as pessoas de quem não gostamos? Aquelas que consideramos como "inimigas". É nesse momento, fora da zona de conforto, que precisamos praticar a inteligência emocional, focar em onde está a maturidade emocional. Com certeza, se encontra em nossa mentalidade, na forma de olhar e interpretar os cenários e o comportamento das pessoas. Se observarmos Jesus como líder, Ele demonstrava uma visão sistêmica avançada e maturidade emocional, ensinando liderados e seguidores a amarem os inimigos e os respeitarem. Será que praticamos esse ensinamento no dia a dia quando criticamos as diferentes religiões ou partidos políticos, querendo fazer valer a todo custo a nossa opinião como verdade única, nos envolvendo em conflitos desnecessários pela imaturidade emocional e intolerância com a opinião do próximo?

Tal interpretação permite-nos compreender que, para um líder alcançar tais habilidades, é preciso desenvolver a autopercepção. E isso só é possível com treinamento, melhoria contínua e tendo como alicerce na jornada o modelo de liderança de Jesus.

A essência da liderança de Jesus consistia no amor, na amizade, no companheirismo e no respeito mútuo. Mesmo sendo traído e negado, Jesus jamais deixou de amar todas as pessoas que faziam parte de sua vida. Ele amou a todos até o fim. Sem dúvida nenhuma, essas características em Jesus representam uma grande maturidade emocional.

Capítulo 4

Ele viveu isso e nos deixou o ensinamento para que pudéssemos aprender e replicar para outras pessoas, se desejarmos um mundo melhor para as próximas gerações.

CHAVE 2
MODELE SUA PERSONALIDADE COM BASE NA DE JESUS

É notório que o êxito da liderança de Jesus provinha muito da sua personalidade, que, com certeza, foi desenvolvida e influenciada pela rica educação que recebeu de seus pais (Maria e José).

Jesus tinha um grande conhecimento das escrituras e da fé judaica, obviamente inspirado pelo propósito divino e pela educação dos pais, quando o encontraram no templo falando com os grandes líderes judeus.

Em Lucas 2:47, cita-se o quanto as pessoas ficavam admiradas com o conhecimento de Jesus: "[47]E todos os que o ouviam admiravam a sua inteligência e respostas".

Mesmo sendo tão sábio com a idade de 12 anos, Jesus sempre honrava e respeitava seus pais. Veja o que diz o versículo 51 dessa mesma passagem: "[51]E desceu com eles, e foi para Nazaré, e era-lhes sujeito. E sua mãe guardava no seu coração todas estas coisas". Isso demonstra muito da personalidade de Jesus, o quanto honrava seus pais, embora seguindo seu caminho ligado e focado no propósito de ensinar as pessoas, nunca deixou de dar atenção necessária a eles.

O ventre em que fomos gerados e o ambiente em que fomos criados já é conhecido por influenciar a formação de nossa personalidade. Como já mencionado no capítulo anterior, é sabido que nessas fases adquirimos lesões emocionais que influenciam nossa personalidade e nosso comportamento. No entanto, também compreendemos que é possível tratar essas lesões para potencializar habilidades comportamentais e desbloquear a capacidade de avançar.

Ao tratar as lesões, nossa personalidade se torna autêntica e, como resultado, deixamos de utilizar personagens para agradar outras pessoas. As lesões emocionais se manifestam por meio de nossa personalidade quando enfrentamos situações de conflitos internos ou externos, que nos colocam acima ou abaixo da Linha vertical da maturidade emocional. Portanto, essas lesões são limitadoras para o desenvolvimento do rico potencial existente dentro de nós.

Como Jesus demonstra maturidade emocional, podemos interpretar que teve uma educação saudável em um ambiente sem agressões verbais

Capítulo 4

ou físicas, o que refletiu diretamente em sua personalidade na idade adulta. O amor que recebeu e aprendeu com seus pais foi de extrema importância para desenvolver a maturidade emocional necessária para compartilhá-lo com outras pessoas pela personalidade íntegra e habilidades comportamentais.

Em João 5:19, as escrituras descrevem um ensinamento de Jesus que ressalta a importância de sermos bem orientados por nossos pais e o impacto direto do exemplo que nos dão: "Jesus respondeu: 'Eu lhes digo a verdade: o Filho não pode fazer coisa alguma por sua própria conta. Ele faz apenas o que vê o Pai fazer. Aquilo que o Pai faz, o Filho também faz'".

Em Efésios 6:1-4, temos outra passagem que destaca a importância de honrarmos nossos pais e, ao fazer isso, estabelecemos um exemplo para os outros: "Filhos, obedeçam a seus pais no Senhor, pois isso é justo. Honra teu pai e tua mãe. Este é o primeiro mandamento com promessa".

Isso nos assegura que as coisas correrão bem para nós e teremos uma vida longa na terra. Embora nessa passagem Jesus esteja se referindo a Deus como seu Pai, podemos aprender sobre a importância de sermos um exemplo para todos que nos observam, quando assumimos os papéis de pais e filhos.

Seja imparável assim como Jesus foi

Podemos traçar a própria história, honrando nossos pais ao mesmo tempo em que desenvolvemos maturidade para compreender e sermos gratos pela vida que nos proporcionaram. Reconhecemos o que nos ensinaram dentro de suas limitações, considerando a educação que receberam de seus pais. Quando nos tornamos pais, invertemos os papéis e nos tornamos exemplos para nossos filhos, carregando a responsabilidade dessa influência.

Portanto, é fundamental carregar os ensinamentos de nossos pais, sejam bons ou não, e usá-los para reescrever nossa história em busca de uma versão melhor de nós mesmos. Transmitir esse entendimento a nossos filhos é essencial para que também possam ensinar aos descendentes. Além disso, é importante compartilhar esse conhecimento com aqueles que lideramos no ambiente profissional, para que todos tenham consciência de seu potencial de melhoria, possam reconhecer as próprias lesões emocionais e buscar o tratamento necessário.

Integrar o sentimento de honrar os pais na personalidade e no comportamento torna nossa jornada mais leve e amorosa. Quando estamos mais leves e felizes, aceleramos nosso progresso no desenvolvimento pessoal.

Capítulo 4

Muitos de nós não tiveram a mesma educação nos ambientes familiares. Portanto, é necessário passar por processos que nos auxiliem a tratar as lesões emocionais que carregamos em nosso sistema límbico, possibilitando o despertar e a ativação do grande potencial que cada um de nós carrega consigo.

É inegável que somos seres únicos, cada um com a própria autenticidade, tornando-nos diferentes uns dos outros. No entanto, é crucial identificar em nossa personalidade e nosso comportamento o que precisa ser aprimorado, aperfeiçoado e ressignificado. Independentemente da identidade única, não podemos ser "cabeças quentes", pessoas emocionalmente explosivas, nem "cabeças baixas", com emoções frágeis que se abatem diante de qualquer desafio, tornando-se submissas, sem firmeza ou equilíbrio.

Quando menciono isso, estou me referindo à necessidade de, ao observar o comportamento de Jesus, buscarmos, em nosso crescimento pessoal, desenvolver uma personalidade mais amorosa, com maturidade emocional, sempre em busca de uma conduta ética e íntegra. Cada um de nós, quer tenhamos temperamentos mais intensos ou mais sensíveis, somos como pedras preciosas que precisam ser lapidadas e polidas para brilharmos nos caminhos da vida e auxiliarmos outras pedras preciosas a também brilharem.

Seja imparável assim como Jesus foi

Outra característica importante na personalidade de Jesus era a autenticidade. Sejamos autênticos como Jesus foi, custe o que custar, mesmo que isso desagrade algumas pessoas. Copiar outras pessoas e não ser autêntico apenas para agradar os outros bloqueia a identidade única. Cada um de nós é como uma pedra preciosa única. Quando tentamos copiar os outros, apagamos o próprio brilho. Devemos compreender que cada um de nós possui um brilho único e uma maneira especial de brilhar. Portanto, é essencial nos conhecermos melhor, descobrir nossos maiores potenciais, dons e talentos, e explorar essas capacidades ao máximo, sem se preocupar com a opinião alheia.

Torne-se único; desta forma, qualquer atividade que você desempenhe profissionalmente refletirá a essência singular. Em vez de ser uma cópia dos outros, você se tornará uma influência para muitos. Mude o jogo e torne-se insubstituível, assim como Jesus nas habilidades comportamentais e na integridade. Não se contente em ser apenas bom no que faz, busque ser extraordinário. Descobrir a autenticidade é uma das chaves para se tornar incomparável em sua área de atuação.

Em Filipenses 4:8, Paulo escreve: "Finalmente, irmãos, tudo o que for verdadeiro, tudo o que for nobre, tudo o que for correto, tudo o que for

Capítulo 4

puro, tudo o que for amável, tudo o que for de boa fama, se houver algo de excelente ou digno de louvor, pensem nessas coisas".

A passagem lembra a importância de concentrar os esforços em tudo o que é puro, amável e de boa reputação, pois são essas coisas que verdadeiramente nos tornam pessoas e profissionais melhores. Quando buscamos fazer o que é certo, mesmo que todos ao nosso redor estejam fazendo o contrário, ou optamos por não seguir atalhos ou caminhos mais fáceis que vão contra nossos princípios éticos e morais, é possível que sejamos rotulados como "certinhos demais", "esnobes" ou até mesmo considerados ingênuos por não seguirmos o comportamento comum.

No entanto, mesmo que enfrentemos críticas ou julgamentos por não aderir a práticas questionáveis que outros consideram normais, nossos resultados serão sempre respaldados pela integridade. Aqueles que nos cercam, nas relações de amizade ou no ambiente profissional, saberão que somos pessoas incorruptíveis, assim como Jesus foi. Seguir um caminho de integridade é um princípio valioso e fundamental para nos tornarmos líderes exemplares e influenciarmos positivamente as pessoas ao nosso redor.

A integridade era algo que Jesus sempre manifestava em suas ações, falas e ensinamentos durante toda a jornada aqui.

Seja imparável assim como Jesus foi

Em Mateus 22: 16-22: [16]"e enviaram-lhe os seus discípulos, com os herodianos, dizendo: 'Mestre, bem sabemos que és verdadeiro, e ensinas o caminho de Deus segundo a verdade, e de ninguém se te dá, porque não olhas a aparência dos homens. [17]Dize-nos, pois, que te parece? É lícito pagar o tributo a César, ou não?' [18]Jesus, porém, conhecendo a sua malícia, disse: 'Por que me experimentais, hipócritas? [19]Mostrai-me a moeda do tributo'. E eles lhe apresentaram um dinheiro. [20] E ele diz-lhes: 'De quem é esta efígie e esta inscrição?' [21]Dizem-lhe eles: 'De César'. Então, ele lhes disse: 'Dai, pois, a César o que é de César, e a Deus o que é de Deus'. [22]E eles, ouvindo isto, maravilharam-se e, deixando-o, se retiraram".

Jesus, mesmo enxergando o quanto era difícil para tais pessoas tão pobres terem que pagar impostos tão elevados, parecendo ser tão injusto, ainda assim ensina a integridade, a honestidade, o caminho reto estreito e nunca o fácil. Quando Ele diz: 'Dai a César o que é de César', quer dizer paguem os impostos que lhes é cobrado, mesmo sendo injusto. E finaliza dizendo: 'dai a Deus o que é de Deus', se referindo à integridade e à honestidade ao que devemos dar a Deus. Por esse motivo, ensina as pessoas a seguirem na estrada estreita, superando as dificuldades impostas pelo homem.

Capítulo 4

Ele ainda nos ensina que um líder deve fazer o que prega e ensina isso a seus liderados e seguidores, demonstrando em sua caminhada pela personalidade íntegra e incorruptível.

CHAVE 3
SEJA IMPARÁVEL, GRATO E ADAPTÁVEL COMO JESUS

Outra característica que podemos observar na personalidade de Jesus e que fiz questão de destacar no livro como um subtítulo é o quanto Ele era imparável.

Mesmo tendo que confrontar, quando era confrontado pelo que dizia ou encontrava dificuldades de locomoção, alimentação ou qualquer outra dificuldade, Jesus não parava, vencia qualquer procrastinação, preguiça, cansaço, medo, insegurança, pensamentos negativos; era mesmo IMPARÁVEL.

E nós, o quanto somos imparáveis? Será que não temos paralisado por qualquer motivo? Um dos grandes erros que cometemos diante das primeiras dificuldades é não nos posicionarmos e nos colocarmos como aqueles que ficam de "cabeça baixa", nos colocando abaixo da linha do sistema horizontal da maturidade emocional, como vítimas da vida, nos encolhendo diante dos desafios, das dificuldades, de nossos medos. Jesus tinha condições extremas de vida, dormia em lugares desconfortáveis, castigado pelas longas caminhadas para pregar em diversas cidades diferentes, onde nem sempre fazia três refeições por dia. Perceba que, mesmo diante de extrema escassez, sempre agia com humildade, sendo grato pelo que tinha. Esta gratidão fazia com que fosse imparável.

Nesse sentido, manifesto-me aqui dizendo que a gratidão não precisa ser verbalizada, precisa sim ser sentida. Eu denomino a gratidão como um estágio mental da maturidade emocional. Quem realmente sente gratidão, não manifesta com palavras, não sente esta necessidade, mas demonstra pelas atitudes colaborativas e humanizadas, que faz de alma e não por interesse.

A maturidade emocional nos ajuda a cultivar a gratidão e, por sua vez, a gratidão também contribui para o desenvolvimento da maturidade emocional. Quando somos gratos pelo que temos e pelas conquistas, tornamo-nos pessoas diferentes, com um comportamento diferenciado. É essencial ser grato não apenas pelo que alcançamos, mas também pelos desafios e dificuldades que enfrentamos, pois as experiências nos tornam mais fortes e sábios. Inclusive, devemos ser gratos pelo simples fato de respirar.

Capítulo 4

A gratidão reflete humildade em nossa personalidade, uma compreensão madura e adulta de que não estamos acima nem abaixo de ninguém. Ao sermos gratos pelo que temos hoje, sentimo-nos iguais aos outros ao nosso redor. Portanto, busque ser uma pessoa melhor a cada dia, praticando diariamente o sentimento de gratidão.

Em Filipenses 4:11-13, Paulo, um apóstolo e discípulo de Jesus, nos deixa um grande ensinamento quando diz: "[11]Não estou dizendo isso porque esteja necessitado, pois aprendi a adaptar-me a toda e qualquer circunstância. [12]Sei o que é passar necessidade e sei o que é ter fartura. Aprendi o segredo de viver contente em toda e qualquer situação, seja bem alimentado, seja com fome, tendo muito ou passando necessidade". Sem dúvida, Paulo aprendeu com seu mestre Jesus a característica de ser imparável e grato, assim como Jesus que se adaptava a qualquer situação e às dificuldades que surgiam.

Finalizo com uma reflexão sobre o assunto, para nos questionarmos: somos imparáveis ou paramos por qualquer motivo? Somos gratos ou reclamamos o tempo todo sem ao menos ter atitude para agir diante dos desafios da caminhada? Somos adaptáveis ou simplesmente nos contentamos sem sequer tentar nos adaptar ao novo? Com certeza, estas também são habilidades que precisaremos ter se quisermos fazer voos mais altos, talvez até voos que ainda nem sonhamos em alcançar.

CHAVE 4
BUSQUE PELA VALIDAÇÃO DE SUA LIDERANÇA COMO JESUS

"Ser poderoso é como ser uma dama. Se tiver que lembrar às pessoas que você é, você não é."
(Margaret Thatcher)

Começo este capítulo com esta linda frase citada pela "Dama de Ferro", Margaret Thatcher, primeira-ministra do Reino Unido entre 1979 e 1990, que nos leva a uma reflexão sobre o que realmente é ser validado antes de ocupar um cargo de liderança. Antes de se tornar um grande líder, Jesus precisou ser validado, e aqui faço uma pergunta a vocês: quantos de nós se autointitulam como líderes, sem ter passado pelo processo de validação de sua liderança?

É isso mesmo, antes de sermos um líder nato, é preciso que as pessoas nos enxerguem como um,

Capítulo 4

ou seja, nossa personalidade, comportamento e fala precisam ser de um líder, regado a uma grande dose de autenticidade. Uma pessoa não é líder só porque ocupa um cargo de liderança, essa liderança antes precisa ser validada por outras pessoas. Muitas pessoas sobem de cargo, mas não são líderes, apenas foram escolhidos por alguma amizade ou afinidade com o chefe e ou por ser uma empresa familiar.

Se antes de escolher os líderes, a empresa se preocupasse em saber sobre o comportamento deles mediante às pessoas de convivência muitos problemas seriam evitados; e outros níveis de resultados fossem alcançados.

Em Matheus 4:23-25, [23]"Jesus foi por toda a Galileia ensinando nas sinagogas deles, pregando as boas-novas do Reino e curando todas as enfermidades e doenças entre o povo. [24] Notícias sobre ele se espalharam por toda a Síria, e o povo lhe trouxe todos os que estavam padecendo vários males e tormentos: endemoninhados, epilépticos e paralíticos; e ele os curou. [25]Grandes multidões o seguiam, vindas da Galileia, Decápolis, Jerusalém, Judeia e da região do outro lado do Jordão".

Como vemos na passagem, um verdadeiro líder geralmente é validado pelos liderados por sua alta capacidade de solucionar problemas e trazer novas ideias e direções para aqueles que estão a sua volta.

Seja imparável assim como Jesus foi

Jesus não era apenas validado porque curava as pessoas, embora isso tenha sido um dos grandes motivos que atraiu multidões para conhecê-lo, já que este ato não era nada comum para a época, mas também por ser considerado um "mestre acima da média", que trazia ensinamentos de sabedoria até mesmos aos mestres da lei, fariseus e outros religiosos, que ficavam impressionados, mesmo que não externassem esse sentimento.

Percebemos que, pelo posicionamento de Jesus, os líderes precisam ir além de serem solucionadores de problemas, devem inspirar e saber orientar os liderados com amor. Dessa forma, teremos um impacto mais significativo no que se refere à entrega dos profissionais dentro das empresas.

Uma estratégia que podemos perceber na passagem das escrituras é que Jesus primeiro realizou várias curas, até que as notícias foram se espalhando. Assim, as pessoas foram acreditando nele, vendo-o como líder, como o Messias que esperavam. Foram seus resultados (várias curas), atitudes, comportamentos e personalidade que o validaram como líder.

Os resultados significativos e visíveis aos olhos de todos que Jesus operou fizeram com que Ele fosse perseguido, julgado, ofendido e menosprezado pelos perseguidores. Entretanto, foi o mesmo motivo que fez com que tantas pessoas começassem

Capítulo 4

a segui-lo. Saiba que, quando você decidir cumprir seu propósito, muitas pessoas recriminarão seu novo comportamento, inclusive algumas se afastarão de você. Porém, algo muito lindo acontecerá. Pelo mesmo motivo, pessoas te seguirão e serão influenciadas pelo seu novo hábito comportamental. Então, assim como Jesus, nós não podemos desistir de nosso propósito custe o que custar e doa a quem tiver que doer; sigamos sempre.

Quando começamos a cumprir nosso propósito, aqueles que não entendem podem ser contrários à nossa visão, e talvez até sejam responsáveis pelas principais perseguições que sofreremos; em contrapartida, aqueles que acreditarão em nós e em nosso propósito, se aproximarão e serão parte fundamental no processo de transformação mútua, validando a liderança pelos resultados que você será capaz de produzir.

Jesus teve a validação de sua liderança depois de um tempo já atuando em seu ministério, por meio de resultados (tratamentos), suas palavras começaram a ser ouvidas com maior efetividade, ou seja, seus resultados potencializaram a força de sua comunicação, o "boca a boca" foi responsável por expandir seu propósito de tal forma que atravessou fronteiras em uma época em que não existia internet, redes sociais, vídeos ou qualquer outra forma de tecnologia capaz de "impulsionar"

Seja imparável assim como Jesus foi

e impactar milhares ou milhões de pessoas como nos dias atuais.

Dessa forma, entendemos que é exatamente isso que precisamos fazer se queremos ser líderes. Para sermos validados como líderes, precisamos mostrar resultados significativos de nosso trabalho, conduta ética, comportamento e postura. Só então, as pessoas ao nosso redor nos validarão como líderes.

Tornar-se um líder envolve mais do que simplesmente ocupar uma posição. É necessário conquistar o respeito e a confiança daqueles que você lidera, demonstrando consistência, ética e resultados possíveis de serem alcançados.

Então, se você almeja alcançar novos cargos profissionais, é preciso entender que primeiro terá que plantar, mostrando seu espírito de liderança, fazendo um trabalho de alma, autêntico e único, assim como Jesus. Sem usar os outros como degraus para subir em sua carreira. Falo aqui de uma integridade incorruptível, de um plantio sem atalhos ou "jeitinhos" para receber a colheita de bons frutos das lindas sementes plantadas com amor em sua caminhada, sem interesse próprio. Faça seu trabalho de alma, pelo propósito de vida, assim como Jesus o fez.

Para alcançar o sucesso profissional e a liderança, é fundamental adotar uma abordagem ética, autên-

Capítulo 4

tica e dedicada ao trabalho. Assim como Jesus, devemos nos concentrar em semear valores positivos e autenticidade em nossa jornada, em vez de buscar atalhos para o sucesso. Esse compromisso com a integridade e o propósito de vida é a base para colhermos frutos duradouros em nossa carreira.

Se uma pessoa deseja se tornar um líder, precisa repensar personalidade, comportamentos e habilidades. Todos podemos despertar nosso senso de liderança, mas é preciso treinar e aperfeiçoar. Se este é seu desejo, busque replicar o melhor exemplo de liderança que já tivemos aqui na Terra. Penso que Jesus é uma excelente referência para quem quer se tornar um líder de verdade, com maturidade emocional, empatia, comunicação assertiva, comportamento íntegro, proatividade, companheirismo, visão sistêmica avançada e *mindset* ágil (raciocínio rápido), entre outras habilidades. Jesus nos mostra em sua trajetória o tempo todo a validação de sua liderança.

Liderança é um processo contínuo de aprendizado e autodesenvolvimento. Ao seguir o exemplo de Jesus, podemos cultivar as habilidades e qualidades necessárias para nos tornarmos líderes eficazes, inspiradores e éticos. Sua jornada é um testemunho de como maturidade emocional, amor, empatia e integridade são fundamentais para a liderança bem-sucedida.

CHAVE 5
CONHEÇA SEUS LIDERADOS COMO JESUS A SEUS DISCÍPULOS

Jesus conhecia seus liderados, pessoas com quem convivia diariamente e os ajudava na medida do possível. E nós, conhecemos e ajudamos?

Quando Jesus chama Pedro para a missão, uma das coisas que preocupava Pedro era o fato de sua sogra estar doente, com muita febre. Jesus vendo a preocupação dele e sabendo que isso poderia tomar parte dos pensamentos do seu discípulo, resolve curar a sogra.

"²⁹Logo que saíram da sinagoga, com Tiago e João, foram à casa de Simão e André. ³⁰A sogra de Simão estava de cama, com febre, falaram a respeito dela a Jesus. ³¹Então, ele se aproximou dela, tomou-a pela mão e ajudou-a a levantar-se. A febre a deixou, e ela começou a servi-los" (Marcos 1:29-31). Analisando a atitude de Jesus, percebemos o quanto se preocupava com seus liderados.

Ele chamava as pessoas pelo nome, sabia das dores delas, tentava ajudá-las sempre com amor e compaixão, se preocupava com a vida das pessoas. Não estou querendo dizer que precisamos carregar o peso dos problemas das pessoas ao

Capítulo 4

nosso redor, até porque Jesus não fazia isso, mas me refiro aqui sobre ser acolhedor, oferecer apoio com palavras de motivação, escuta ativa. Estar atendo com nosso olhar, percebendo quando alguém está triste, desmotivado, precisa de um apoio, de conhecer as pessoas que trabalhamos e convivemos. É muito importante para conseguirmos exercer uma liderança com excelência. Jesus sempre demonstrava esse tipo de comportamento com quem convivia diariamente.

Também é muito importante, antes de trabalhar com uma empresa, contratar uma equipe ou escolher amigos, se unir a pessoas que tenham o mesmo propósito que o seu. Com certeza, isso fará muita diferença no seu desempenho e na vida das outras pessoas que estarão com você. Até mesmo um casamento, noivado ou namoro deve ter este olhar, pois pessoas com o mesmo propósito, juntas, potencializam a força, tornam o caminho mais leve e promissor, e ainda minimizam ou anulam futuros conflitos e problemas.

Ao estender este olhar para o nível profissional, una-se com pessoas que vão complementar as habilidades que você não possui, isso vai oportunizar uma potencialização para que se torne possível chegar a outros níveis de resultados, talvez muitos nunca ainda imaginados. Jesus, ao designar a equipe em seus planos de ação para cumprimento de seu propósito, uniu diferentes habilidades dos apóstolos, para que tivessem êxito em suas empreitadas (tarefas) exercidas. Mesmo sendo pessoas comuns, diferentes umas das outras (de pescadores a coletores de impostos), os apóstolos demonstravam diferentes habilidades e Jesus sabia fazer esta leitura.

Em Lucas 10, no primeiro versículo, tem uma passagem em que Jesus escolhe 70 pessoas e 2 discípulos. Ele os envia de dois em dois, com diferentes habilidades para, juntos, aprenderem um com o outro e somarem forças por meio de duas habilidades que se complementavam ([1]depois disso, o Senhor escolheu outros setenta e dois discípulos e os enviou adiante, dois a dois, às cidades e aos lugares que ele planejava visitar) (Lucas 10:1).

Em Matheus 9:9-13, está descrito: [9]"E Jesus, passando adiante dali, viu assentado na alfândega um homem chamado Mateus e disse-lhe: 'Segue-me'. E ele, levantando-se, o seguiu. [10]E aconteceu que, estando ele em casa sentado à mesa, chegaram muitos publicanos e pecadores, e sentaram-se com Jesus e seus discípulos. [11]E os fariseus, vendo isto, disseram aos seus discípulos: 'Por que come o vosso Mestre com os publicanos e pecadores?' [12]Jesus, porém, ouvindo, disse-lhes: 'Não necessitam de médico os sãos, mas,

Capítulo 4

sim, os doentes. ¹³Ide, porém, e aprendei o que significa: Misericórdia quero, e não sacrifício"'.

Na passagem, ao observarmos Jesus na fala, na postura e no comportamento, quando fala para Mateus aprender o significado de misericórdia (compaixão), nos mostra mais uma vez em movimentos e ações o quanto se volta para ajudar o próximo, e ensina isso para um de seus liderados. Deixo aqui mais uma reflexão.

O quanto nós precisamos aprender a desenvolver este gesto com o próximo (liderados ou família)? Por exemplo: nosso olhar normalmente está sempre voltado para aquele profissional ou pessoa que está dando bons resultados, e o que não está conseguindo? Será que tiramos tempo para tentar ensiná-lo, para ajudá-lo a talvez desenvolver habilidades que precisa para também alcançar bons resultados, ou pensamos logo em quanto nos está atrapalhando e como vamos fazer para retirá-lo da equipe? Será que temos a misericórdia (compaixão) de orientar, ensinar como alcançar tais resultados?

Conhecer as pessoas que fazem parte da equipe implica ajudá-las a alcançar esses resultados. Concordo que muitas vezes as pessoas não querem ser ajudadas, porém penso que é dever do líder, com amor, mostrar o caminho para que tenham a oportunidade de ver quais habilidades precisam ser melhoradas. Jesus demonstra seguidamente a misericórdia e a compaixão pelos liderados, seguidores e doentes.

Com o olhar no modelo de liderança de Jesus, é preciso constantemente estender nosso olhar misericordioso para aqueles que mais precisam de nós, ensinando e ajudando-os de forma resiliente e constante, não somente os profissionais que apresentam dificuldades em certas habilidades, mas aqueles que fazem parte da nossa caminhada, incluindo filhos. Deixo claro aqui que não é fazendo as coisas para a pessoa que aprenderão, mas ensinando-as com amor, paciência, resiliência e constância.

CHAVE 6
SEJA DISPONÍVEL COMO JESUS

Quem entende a lição de Jesus servo, encontra o caminho da lidcrança que se apoia no servir.

Seja disponível para sua equipe e para as pessoas que precisam de você. Um líder precisa aprender a servir, colocar-se à disposição com humildade e amor. Isso também é ter maturidade emocional.

Capítulo 4

Jesus escolheu uma equipe que pode parecer difícil de compreender. Eram pessoas impulsivas, temperamentais, que se ofendiam com facilidade e vítimas de todo tipo de preconceito no contexto em que viviam. Os apóstolos escolhidos representavam o perfil médio da sociedade daqueles dias. À primeira vista, poderíamos dizer que não eram o tipo de pessoas certas para estar com Jesus e ganhar o mundo. Então, o que Jesus viu de tão especial nessas pessoas que o fez escolhê-las?

Jesus era um excelente observador. Por meio de diálogos e observações, percebeu a essência das pessoas: honestidade, integridade, habilidades e, mesmo em suas falhas, pôde ensiná-las a serem melhores. Ele abriu os olhos para a verdade, fazendo com que cada um enxergasse o certo e o errado, ensinando-lhes sobre autopercepção, o que as ajudou a mudar. Jesus escolheu uma equipe que estava constantemente disponível para o que fosse necessário, comprometida em caminhar com Ele em direção ao mesmo propósito.

A liderança, muitas vezes, envolve trabalhar com uma equipe diversificada. Assim, é fundamental observar as qualidades e habilidades únicas que cada pessoa traz. A capacidade de ser humilde, amorosa e disponível para auxiliar no crescimento e desenvolvimento de sua equi-

Seja imparável assim como Jesus foi

pe é uma característica-chave dos líderes eficazes. Porém, os membros da equipe também precisam aprender a replicar este comportamento com os colegas de trabalho. Como Jesus, os líderes podem inspirar mudanças positivas nas pessoas ao seu redor, ajudando-as a alcançar o pleno potencial.

Jesus acreditava muito nas pessoas que Ele chamou. Um bom exemplo disso é quando chamou Mateus, um publicano e cobrador de impostos do império romano (Mateus 9:9-13). Os judeus que trabalhavam como publicanos tinham má reputação entre o povo, porque eram vistos como traidores que colaboravam com o opressor, no caso, Roma.

Como líder, Jesus não viu apenas os defeitos de Mateus, mas identificou as habilidades e o potencial de mudança que poderia ter caso fizesse as escolhas certas, o que se confirmou mais tarde.

Mas se Jesus tinha tanta sabedoria, por que escolheu Judas, que mais tarde se tornaria um traidor? Judas, como todos os outros, tinha falhas em seu caráter. A culpa não foi de quem o escolheu, mas da oportunidade que ele mesmo desperdiçou.

Isso nos mostra que, mesmo estando no ambiente certo, com as pessoas certas e diante do propósito certo, se você não fizer as escolhas certas, seu caminho será doloroso. E essas escolhas

Capítulo 4

sempre devem estar alinhadas com uma conduta ética e incorruptível. Certamente, apoiando-se nesses dois pilares, nossa personalidade nos guiará para as escolhas certas, por mais difíceis que sejam. Lembre-se: custe o que custar, doa a quem doer, sempre foque no bem maior coletivo e nunca apenas no individual.

A liderança envolve a capacidade de acreditar no potencial das pessoas e dar-lhes oportunidades para crescer e se desenvolver. Jesus viu valor em seus seguidores, mesmo quando outros podiam duvidar de suas qualidades. No entanto, quando falamos de acreditar no potencial das pessoas, não significa que todas as escolhas que tomarão serão bem-sucedidas.

A liderança também exige discernimento ao fazer escolhas e um compromisso inabalável com princípios éticos e morais. A história de Judas nos lembra que, mesmo em situações desafiadoras, permanecer fiel a esses princípios é fundamental para evitar escolhas dolorosas e prejudiciais.

Quando olhamos para o caráter humilde de Jesus, é preciso compreender que humildade não significa se humilhar. Jesus sempre manteve a humildade em sua caminhada. Ele nunca baixava a cabeça, mantendo-se forte e olhando para frente, mesmo em situações difíceis, sem acovardar-se. Mesmo sendo um grande líder, não agia com arrogância ou menosprezava as pessoas que não pensavam como ele. Em vez disso, Ele as respeitava. O respeito mútuo é uma das características marcantes de Jesus, demonstrava respeito por todos, sem se considerar superior, mesmo que as pessoas não compartilhassem de seu propósito de vida ou visão de mundo.

Sentir-se humilhado está relacionado a um profundo sentimento de inferioridade, quando nos colocamos abaixo da linha vertical da maturidade emocional, como vítimas ou incapazes de reagir. Esses sentimentos, muitas vezes, estão ligados a lesões emocionais adquiridas desde o ventre materno ou no ambiente familiar, no qual as pessoas frequentemente nos desvalorizavam, dizendo sermos incapazes ou que não fazemos nada certo. Portanto, sugiro que aqueles que se sentem humilhados por outros busquem tratamento para as lesões emocionais o mais cedo possível.

A humildade é uma qualidade essencial para a liderança eficaz. Ela permite que um líder reconheça o valor de cada indivíduo e construa relacionamentos de respeito mútuo. Além disso, a humildade ajuda a manter uma postura aberta à aprendizagem e ao crescimento, o que é fundamental para superar as lesões emocionais e alcançar maior maturidade emocional. A busca constante por tratamento emocional é um passo corajoso em direção a uma liderança mais eficaz e saudável.

Capítulo 4

Jesus era tão humilde que não se sentia humilhado ao lavar os pés de seus discípulos, um gesto associado aos escravos e considerado desprezado naquela época. Esse ato demonstrava sua humildade, amor ao próximo e ensinava que todos devem ter compaixão e honrar até mesmo aqueles que consideramos indignos. A ação de Jesus nos lembra a importância de mostrar respeito e compaixão a todos, independentemente da posição na sociedade.

Você conhece algum líder que teria coragem de realizar uma ação tão humilde quanto lavar os pés de seus colaboradores ou pessoas com posições mais elevadas no mundo profissional?

Esta pergunta nos leva a refletir sobre o nível da própria humildade. Conheço pessoas que não colocaram sequer um enfermo em seu carro para ajudar, por medo de sujar os bancos. Quantos de nós temos medo de sujar as mãos ou a roupa por nos considerarmos "líderes", achando que somos maiores que outros pelo cargo que ocupamos ou dizendo frases como: "eu não farei isso, não é meu trabalho!". Humildade não é ter um vocabulário simples, mas exige postura, comportamento e, principalmente, atitude, independentemente da situação.

A verdadeira humildade é uma virtude rara, mas essencial para qualquer líder. Ela demonstra compaixão, empatia e a capacidade de se igualar a todos. Líderes humildes inspiram respeito genuíno e criam equipes mais unidas e colaborativas. Para alcançar a maturidade emocional e a eficácia na liderança, é fundamental cultivar a humildade e estar disposto a agir de maneira amável com tudo e com todos.

Em João 13:3-5: [3]"Jesus sabia que o Pai havia colocado todas as coisas debaixo do seu poder, e que viera de Deus e estava voltando para Deus; [4]assim, levantou-se da mesa, tirou sua capa e colocou uma toalha em volta da cintura. [5]Depois disso, derramou água numa bacia e começou a lavar os pés dos seus discípulos, enxugando-os com a toalha que estava em sua cintura".

Quem tem sentimento de sentir-se humilhado acaba inconscientemente se colocando em um lugar de vítima, de sofredor. Isso bloqueia a pessoa de avançar profissionalmente. Concordo que existem pessoas com péssima conduta ética, aproveitadoras, mal-educadas, com um comportamento de total imaturidade emocional, porém diante de uma situação de conflito, de falta de respeito por uma das partes, a pessoa que tiver maior maturidade emocional é a que menos sairá ferida de qualquer tipo de conflito, porque não se sentirá humilhada ou ofendida, virará as costas pensando: "não vale desgastar-se" ou "não permitirei que esta pessoa tire minha paz".

Capítulo 4

Era assim que Jesus agia diante dos conflitos e orientava seus liderados. Cada um age com o que tem emocionalmente para oferecer, é por esse motivo que um dos segredos para alcançar o sucesso e a paz interior é pelo desenvolvimento da inteligência emocional e maturidade emocional.

Jesus, mesmo sabendo que Judas o trairia, não o impediu que lhe desse o beijo que o entregaria para ser crucificado (Lucas 22:47), nem mesmo esboçou uma reação ríspida ou de condenação.

Aceitar o beijo de um traidor não tem a ver com ser falso. Isso nos mostra que o caráter deturpado de Judas não mudou o caráter íntegro de Jesus.

CHAVE 7
DESENVOLVA A VISÃO SISTÊMICA E A MENTALIDADE ÁGIL DE JESUS

Mesmo com um tempo curto em sua liderança (cerca de três anos), Jesus promoveu um impacto milenar, porque sabia que tinha pouco tempo para cumprir seu propósito e estruturar um plano estratégico rápido, prático, intensivo e seletivo. Além disso, seu ministério tinha tomado grandes proporções, isso exigia uma organização e divisão de trabalho mais efetiva. Com isso, Ele escolheu

Seja imparável assim como Jesus foi

especialmente 12 homens com quem trabalhou mais de perto, com diferentes habilidades, porém com mesmo propósito, colocou-se muitas vezes em isolamento e silêncio para refletir e traçar as estratégias para tal. Com uma visão sistêmica avançada, enxergando além do que as outras pessoas ao seu redor conseguiam visualizar e mentalidade ágil, mesmo sob pressão, rapidamente encontrava solução para os problemas e fazia os inimigos perderem a investida contra ele e sua equipe. Foi por meio de cada ação estratégica que Jesus alcançou seu propósito.

Jesus veio para ensinar como agir com amor, perdão, mas também como ter uma visão sistêmica avançada e uma mentalidade ágil na hora de resolver problemas que aparentemente não tinham solução. Podemos ver isso na história da mulher adúltera, em que os fariseus e mestres da lei queriam fazer uma "armadilha" para condenar Jesus pelas palavras, já que não poderia absolver uma mulher pega nessas condições por ir contra as leis de Moisés. Além disso, não trouxeram o homem com o qual ela adulterou, promovendo condenação apenas para um lado.

Nesse caso, Jesus precisou ter uma visão além do que todos estavam vendo, tomar uma decisão que não comprometesse seu propósito e que não fosse contra as leis de Moisés.

Capítulo 4

Então, tomou a sábia decisão que vemos em João 8:3-11: ³"Os mestres da lei e os fariseus trouxeram-lhe uma mulher surpreendida em adultério. Fizeram-na ficar em pé diante de todos ⁴e disseram a Jesus: 'Mestre, esta mulher foi surpreendida em ato de adultério. ⁵Na Lei, Moisés nos ordena apedrejar tais mulheres. E o senhor, que diz?'. ⁶Eles estavam usando a pergunta como armadilha, a fim de terem uma base para acusá-lo. Mas Jesus inclinou-se e começou a escrever no chão com o dedo. ⁷Visto que continuavam a interrogá-lo, Ele se levantou e lhes disse: 'Se algum de vocês estiver sem pecado, seja o primeiro a atirar pedra nela'. ⁸Inclinou-se novamente e continuou escrevendo no chão. ⁹Os que o ouviram foram saindo, um de cada vez, começando com os mais velhos. Jesus ficou só, com a mulher em pé diante dele. ¹⁰Então, Jesus pôs-se de pé e perguntou-lhe: 'Mulher, onde estão eles? Ninguém a condenou?' ¹¹'Ninguém, Senhor', disse ela. Declarou Jesus: 'Eu também não a condeno. Agora vá e abandone sua vida de pecado'". Suas atitudes sempre foram focadas em um bem maior, enxergando além do que os outros podiam ver.

Jesus era, indiscutivelmente, um visionário. Sua capacidade de enxergar o futuro de forma clara e estratégica o ajudou a alcançar com sucesso cada etapa de sua missão de vida. Ele pos-

Seja imparável assim como Jesus foi

suía uma visão sistêmica altamente desenvolvida e uma mentalidade ágil permitindo compreender o cenário que moldava seu propósito de vida. Jesus era capaz de interpretar o comportamento das pessoas, fazer conexões entre eventos e desenvolver estratégias inovadoras, o que frequentemente o colocava à frente de seus perseguidores, deixando-os sem ação.

Também podemos desenvolver essas habilidades em nossa caminhada. Ao aprimorar as *soft skills*, como a visão sistêmica avançada e o *mindset* ágil, combinando-as com a maturidade emocional e o amor ao próximo, nos tornamos indivíduos mais estratégicos, ágeis e inovadores. Essas habilidades nos capacitam a enxergar além do óbvio, interpretar cenários com imparcialidade e detalhamento, gerar ideias verdadeiramente diferenciadas.

Ser um visionário não significa apenas ter ideias, mas também agir de acordo com essa visão e inspirar outros a fazerem o mesmo. Jesus não apenas concebeu uma visão poderosa de amor, compaixão e redenção, mas também a viveu, ensinou-a e inspirou seus seguidores a fazerem o mesmo. Como líderes, é importante não apenas ter visão, bem como compartilhá-la com outros e incentivar e ensiná-los a agir em prol de um propósito maior.

Capítulo 4

CHAVE 8
TENHA MOMENTOS DE ISOLAMENTO, SILÊNCIO E ORAÇÃO COMO JESUS

Jesus frequentemente se recolhia em isolamento e silêncio para refletir e ponderar sobre as estratégias necessárias para alcançar com êxito seu propósito de vida. Ele entendia a importância de momentos de solidão para buscar clareza e discernimento.

Uma técnica que gostaria de compartilhar é um exercício que costumo fazer quando me deparo com situações de conflito ou indecisão. Eu me pergunto: o que Jesus faria nessa situação? Com essa questão em mente e inspirada pelo comportamento de Jesus, reservo um tempo para o silêncio, no qual analiso a situação com uma visão sistêmica, considerando fatores ocultos que podem estar interligados. Essa pausa me permite aguardar a clareza mental necessária para traçar uma solução.

Jesus praticava essa abordagem quando se afastava para orar em silêncio e contemplação, como no episódio no Getsêmani, descrito em Mateus. [36]"Então Jesus foi com seus discípulos para um lugar chamado Getsêmani e disse-lhes: 'Sentem-se aqui enquanto vou ali orar'. [37]Levan-

Seja imparável assim como Jesus foi

do consigo Pedro e os dois filhos de Zebedeu, começou a entristecer-se e a angustiar-se. ³⁸Disse-lhes, então: 'A minha alma está profundamente triste, numa tristeza mortal. Fiquem aqui e vigiem comigo'. ³⁹Indo um pouco mais adiante, prostrou-se com o rosto em terra e orou: 'Meu Pai, se for possível, afasta de mim este cálice; contudo, não seja como eu quero, mas sim como tu queres'" (Mateus 26:36-39).

Esses momentos de silêncio e reflexão e oração ajudavam a se conectar com todo o conhecimento adquirido ao longo de sua jornada, acelerando o processo de encontrar soluções eficazes e traçar planos de ação estratégicos.

O isolamento e a reflexão são práticas valiosas para conseguirmos fazer a leitura de cenários, pessoas e processos de forma criteriosa e cautelosa, nos oportunizando uma tomada de decisão, independente da situação, mais sábia, efetiva, eficiente e que busque contemplar a todos.

Aderir à prática do silêncio e do isolamento permite ensinarmos a mente a se tornar mais tranquila, não tomando decisões precipitadas. Ser precipitado não é, e nunca foi ser ágil, existe uma diferença muito grande aí. Então, é muito importante diferenciar o que é ser precipitado do que é ter uma mentalidade ágil. Realizar a prática nos ensina a entrar em estado de *flow* e desenvolver-

Capítulo 4

mos maior clareza mental sobre qualquer situação vivenciada, oportunizando *insights* preciosos para enfrentar desafios e navegar por caminhos mais complexos. Profissionais que adotam essa abordagem apresentam maior clareza e discernimento sobre seu propósito e por qual caminho trilhar para alcançá-lo.

CHAVE 9
ELIMINE A PREGUIÇA E A PROCRASTINAÇÃO, COMO JESUS

Para se tornar um profissional de excelência, é essencial ter uma visão abrangente dos processos que moldarão sua jornada em direção ao cumprimento do propósito de vida e ao exercício de um cargo de liderança.

Jesus compreendia que enfrentaria inúmeros desafios em sua trajetória, incluindo a conscientização da própria morte e de como ocorreria. No entanto, Ele nunca desistiu. Seu propósito de vida era tão forte que eliminava a preguiça ou qualquer forma de procrastinação. Jesus era movido pela ação, pela convicção e pela motivação, mantendo sempre o foco no que era prioritário.

A capacidade de manter o foco no que é verdadeiramente importante é uma característica fundamen-

Seja imparável assim como Jesus foi

tal de um líder eficaz ou para qualquer profissional que almeja cargos mais elevados. Profissionais de excelência não se distraem com tarefas secundárias ou obstáculos temporários. Em vez disso, direcionam energia e paixão para o cumprimento de seu propósito, mantendo uma mentalidade resiliente, constante, focada e disciplinada. Essa clareza e compromisso com o que é prioritário nos ajuda a superar desafios, não desanimar e inspirar outras pessoas/profissionais.

Em Hebreus 12:02, temos uma passagem na qual o apóstolo Paulo nos mostra que Jesus suportou a cruz e venceu para alcançar seu propósito. "Fixemos os olhos em Jesus, autor e consumador da nossa fé, o qual, pelo gozo que lhe está proposto, suportou a cruz, desprezando a afronta, e assentou-se à destra do trono de Deus". Pela passagem, observamos seu nível de resiliência, maturidade emocional, amor e constância para alcançar seu propósito de vida.

A resiliência é uma característica essencial para todos os profissionais, principalmente aqueles que enfrentam adversidades, críticas e desafios em sua jornada. Assim como Jesus, nós precisamos desenvolver a resiliência, pois nos torna capazes de suportar pressões, superar obstáculos e manter o foco no que realmente é essencial para alcançar qualquer propósito, inspirando outros a seguirem em direção a objetivos comuns. A resi-

Capítulo 4

liência é uma qualidade que pode ser cultivada e fortalecida ao longo do tempo, tornando-a fundamental para o sucesso de quaisquer profissionais, independentemente de cargo ou setor.

A resiliência é uma habilidade adquirida em meio às dificuldades, não em tempos de facilidades, o que torna esse processo muitas vezes árduo e cansativo. Ser resiliente é ter a capacidade de superar adversidades, lidar com o estresse e adaptar-se aos desafios. Em momentos de conforto e facilidade, tendemos a estar menos expostos a situações que exigem resiliência. Já nas dificuldades, somos desafiados a sair da zona de conforto para termos a oportunidade de desenvolver e fortalecer nossa habilidade de resiliência, aprendendo a superar obstáculos e a lidar com o estresse. Nesses momentos, crescemos e aprimoramos nossa capacidade de lidar com as complexidades da vida pessoal e profissional.

CHAVE 10
TENHA UMA FÉ PERMANENTE COMO JESUS

Dia e noite, Jesus fazia orações, buscando direcionamento, amparo e consolo com Deus. Em todos os planos, Ele buscava Deus, colocando-o sobre todas as coisas, atitudes e pensamentos. Além disso, a finalidade de suas orações era vasta, tanto orou por si como pelos discípulos e por todos que ouviriam sua mensagem milhares de anos depois. Ele também ensinou os discípulos a orar e deixou um modelo de oração (a Oração do Pai-Nosso) a ser imitado. Antes e durante sua crucificação, continuou em oração, ou seja, nos momentos mais difíceis, orou; nos momentos de paz, também orou. Jesus viveu em constante oração durante toda a sua caminhada, até seu último suspiro, Ele orou.

Jesus conversava com Deus com intimidade, expondo sempre alegrias e dores. Ele orava com humildade, amor e aceitação de sua caminhada. Em suas orações, sempre trazia a frase "que se cumpra a Tua vontade". Portanto, penso ser fundamental que nós, pessoas e profissionais, tenhamos, além de fé, o hábito de orar de joelhos. Esse ato, além de ser a fé praticada, é um manifesto de humildade, indicando que necessitamos de uma ajuda maior. Essa prática nos trará clareza e sabedoria para ajustar o compasso em nossa caminhada. Provérbios 16:3 nos diz: "Consagre ao Senhor tudo o que você faz, e seus planos serão bem-sucedidos". Isso mostra que, se consagrarmos tudo o que fizermos ao Pai, nossos planos serão bem-sucedidos. Com certeza, Jesus sabia disso e sempre se prostrava de joelhos em busca do Pai, entre-

Capítulo 4

gando a Ele suas intenções. Pela história, podemos confirmar o quanto Ele foi atendido e como seus planos e estratégias tiveram sucesso.

A vida de Jesus é um exemplo de como a oração e a busca constante de orientação divina podem nos fortalecer na jornada. Manter um diálogo com o divino, seja em momentos de dificuldade ou tranquilidade, pode ser uma fonte de força e clareza em nossas vidas, ajudando-nos a alcançar nossos propósitos e a trilhar caminhos com sabedoria e humildade. Assim como Jesus, podemos aprender a confiar na orientação superior e buscar a vontade de Deus em tudo o que fazemos.

Ter fé, assim como Jesus teve, desempenha um papel crucial na vida de uma pessoa. A fé, nesse contexto, não se restringe apenas à dimensão espiritual, mas também engloba acreditar em si mesmo, pois primeiro precisamos acreditar em nós, assim como Jesus acreditou em si mesmo; depois, os outros também confiarão.

Jesus demonstrou uma fé inabalável em seu propósito de vida. Ele tinha uma clara visão de seu papel como líder e responsabilidade com discípulos e seguidores. Essa fé e confiança em si e no que acreditava serviram como uma âncora durante os momentos mais difíceis e desafiadores de sua vida e liderança, incluindo a crucificação. Da mesma forma, líderes e profissionais com outros cargos também precisam acreditar fortemente no propósito da organização/empresa em que atuam. Todavia, se o propósito da empresa em que atua não estiver alinhado ao nosso propósito de vida, sugiro trocar de empresa ou escolher uma que esteja alinhada a ele.

A fé em Deus e a crença em si ajudam a manter a determinação e a resiliência diante de obstáculos e dificuldades. Além disso, a fé de Jesus também se manifestava na confiança em seus liderados. Ele acreditava na capacidade de seus discípulos, mesmo quando duvidavam de si mesmos. Isso é relevante para líderes em qualquer contexto, pois ter fé na equipe e nos colegas de trabalho pode estimular o crescimento e a motivação. Quando os líderes demonstram confiança nas pessoas sob sua liderança, fortalecem o comprometimento e a autoestima da equipe, resultando em maior produtividade, realização de metas e engajamento.

A fé de Jesus estava intimamente ligada à busca constante de orientação divina por meio da oração. Os líderes ou qualquer profissional, embora possam enfrentar decisões difíceis e complexas, podem se beneficiar também da prática. Além de uma conversa com Deus, a oração é um momento de reflexão, de autoquestionamento e de busca de orientação em momentos de in-

Capítulo 4

decisão e possíveis conflitos internos. A oração não se limita à dimensão religiosa, se estende ao ato de buscar clareza e sabedoria, independentemente das crenças pessoais.

Em resumo, desenvolver a fé como Jesus teve é fundamental não somente para os líderes, mas para qualquer cargo que estamos a ocupar. Fazer uma oração, desabafar, nunca foi e nunca será sinal de fraqueza. Na minha opinião, dobrar os joelhos e pedir ajuda em oração é um manifesto de uma pessoa muito corajosa, que se nega a abandonar seu propósito e se reporta a Deus para ajudá-la a não desistir. Foi isso que ajudou Jesus a alcançar tal propósito, sua humildade em pedir ajuda, não somente a Deus, mas também a seus discípulos, pois entendia que sozinho não seria possível.

Acreditar em si, nas pessoas e na busca constante de orientação a Deus pela oração, em momentos de isolamento e silêncio, fará com que tenhamos uma entrega com maior valor agregado, uma liderança diferenciada, singular, autêntica e mais eficaz, impactando não só em nossa caminhada, mas também inspirando e influenciando a de outras pessoas. Acredite, esta prática poderá trazer resultados tão significativos que te surpreenderão.

Seja imparável assim como Jesus foi

FAZENDO CONEXÃO COM AS DEZ CHAVES PARA TORNAR-SE UM PROFISSIONAL EXTRAORDINÁRIO E INDISPENSÁVEL

É evidente que o modelo de liderança de Jesus serve como um norte inspirador tanto para líderes como para qualquer profissional que almeja alcançar novos cargos. Discutimos uma série de habilidades comportamentais e práticas que Jesus defendia em sua jornada aqui na Terra, se conseguirmos em nossa caminhada praticar o método aqui exposto com base nas 10 características do modelo de liderança d'Ele, com certeza teremos uma rica

Capítulo 4

oportunidade de fazer uma transformação na realidade profissional e, como consequência, alcançar uma nova situação financeira.

Destacamos que, para nos tornarmos imparáveis como Jesus foi, é muito importante reavaliarmos integridade, autenticidade, adaptabilidade, empatia, senso de liderança, entre outras. Contudo, o que se buscou explicar neste livro é que para ser possível alcançar tais habilidades de Jesus é fundamental aprender a conhecer a si mesmo, maturidade emocional, e nesse processo desenvolver uma visão sistêmica avançada e uma mentalidade mais ágil. São esses três pilares das *soft skills* que nos tornarão profissionais singulares, estratégicos, ágeis, visionários e inovadores. A resiliência, a fé e a humildade de Jesus são componentes fundamentais para alcançar uma entrega de excelência, tanto para os líderes como para profissionais que almejam tal cargo.

Jesus serviu de exemplo não apenas por suas habilidades de comunicação, mas também por sua capacidade de inspirar, liderar com compaixão e respeito a todos. Com certeza, suas habilidades comportamentais, sua mente estratégica para resolução de problemas, visão sistêmica avançada podem ser aplicadas também em nossos contextos profissionais.

Sua prática contínua de oração e conexão com seu propósito de vida é destacada como uma fonte de orientação e clareza para todos nós profissionais. Entender sobre a vida de Jesus e saber quais eram suas *soft skills* (habilidades comportamentais) mais desenvolvidas como líder, nos conduz a uma oportunidade de compararmos os movimentos d'Ele na época com os nossos atualmente, e de fazermos uma autorreflexão para visualizar em que podemos e devemos melhorar como pessoas e profissionais.

Jesus nos deixou muitos ensinamentos. Se soubermos usufruir deles, nos colocarão em uma situação de paz e abundância na caminhada. Perceba que Ele só escolhia os liderados que entendiam e queriam caminhar pelo mesmo propósito que o d'Ele; caso contrário, não teria por que caminharem juntos. Portanto, aprenda a ativar seu observador também para identificar quais serão as pessoas que caminharão com você assim como fez Jesus, leve somente pessoas que compartilham do mesmo propósito de vida que o seu, pois já não cabe mais carregar pesos de outras pessoas que não nos pertencem.

Entendemos que precisamos desenvolver inteligência emocional para alcançarmos a maturidade emocional, e que este estado mental deve estar alicerçado pelo amor e pela empatia equilibrada com os outros. É nesse estágio mental que encontraremos a paz interior, a calmaria dos pensamentos e dos sentimentos, não mais per-

Capítulo 4

mitindo que se alimentem um do outro negativamente. Ao ser crucificado, Jesus passou pelo que considero o auge da dor e demonstrou tamanho nível de equilíbrio emocional, por que nós, diante de tão pequenos desafios comparados aos de Jesus, não conseguiremos alcançá-lo?

De nada adianta potencializar as habilidades se não colocarmos em ação, vencendo a preguiça e a procrastinação, nos tornando imparáveis para alçarmos nosso propósito de vida, assim como fez Jesus.

Precisamos ter claro que é preciso conhecer a si mesmo para alcançar tais habilidades, pois é nos conhecendo que vamos descobrir o que está nos paralisando e quais lesões emocionais precisam ser tratadas, aquelas que estão nos impedindo de avançar. Nesse processo, descobriremos qual é o nosso dom, nosso talento, aquela habilidade que já está mais desenvolvida do que as outras em nós e utilizaremos cada uma delas para cumprir nosso propósito.

Ressalto que, colocando o método em prática, treinando e nunca perdendo o foco no modelo de liderança de Jesus, conseguiremos nos tornar pessoas/profissionais mais humanizados, íntegros e realizados.

Compartilho o que busco diariamente há mais de 24 anos, seguir o modelo de liderança de Jesus no que se refere às habilidades comportamen-

Seja imparável assim como Jesus foi

tais, maturidade emocional, integridade e amor. Como prática diária, levo minhas intenções pessoais e profissionais a Deus, acreditando, assim como Jesus, que este passo é indispensável para que se obtenha sucesso em nossos planos. Apoiada pelo meu propósito de vida, nunca perco a fé, mesmo em dias difíceis, de desânimo e cansaço.

É preciso entender que nem sempre teremos o mesmo ritmo, mas o importante é termos a constância e não pararmos, descansar quando for preciso, desacelerar quando necessário, mas nunca pararmos, assim como Jesus era imparável. É preciso ser disponível, aprender a nos colocarmos a serviço do outro com humildade, verdade, firmeza e empatia; obviamente, nada disso em excesso ou a ponto de prejudicarmos nossa vida, mas sempre buscando o equilíbrio.

Aprenda a se observar, a identificar as características na sua personalidade, principalmente aquelas que te afastam do modelo de liderança de Jesus. Para isso, é necessário ter momentos de isolamento e silêncio, buscando a autopercepção de atitudes, comportamentos e de como você fala, corrigindo erros para não cometê-los novamente. Nunca se esqueça de que, antes de nos intitularmos líderes, os outros precisam nos validar e nos enxergar como tal.

Este livro apresenta um método e a referência que precisamos nos basear para alcançar nossa

Capítulo 4

melhor versão. Ele simboliza uma porta de luz que se abre em meio à escuridão para quem está disposto ser melhor a cada dia, oferecendo seu melhor também para os outros, pois o processo da nossa mudança inicia de dentro para fora, quando nos propormos à autopercepção, a nos lapidar, pois será esse movimento que fará com que sejamos profissionais diferenciados e indispensáveis no mercado.

A forma como Jesus percorreu o caminho tornou-se um farol para iluminar o caminho de todos nós até os dias atuais, porém é preciso colocar em prática o modelo de liderança dele, mas para que isso aconteça é necessário nos colocarmos disponíveis a viver os processos necessários para alcançar nosso propósito, custe o que custar e doa a quem doer, assim como Jesus fez até seu último suspiro na crucificação.

"Eu sou o caminho a verdade e a vida, ninguém vem ao pai a não ser por mim."
(João 14:06)

Finalizo este livro com essa passagem descrita nas escrituras dita por Jesus, na qual deixa claro que, ao seguirmos seus ensinamentos, seus passos, conseguiremos alcançar uma vida mais leve, com alegria e em glória mesmo diante do caos.

DICAS DE OURO

Se desejamos uma vida extraordinária, é fundamental que sejamos profissionais extraordinários. No entanto, para alcançar esse objetivo, é preciso realizar movimentos e ações extraordinárias. Somente assim obteremos resultados igualmente extraordinários.

Nós precisamos de agir/ação para avançar e romper as fronteiras dos nossos limites pessoais, novos movimentos geram novos resultados. Por isso, siga adiante insistentemente, até chegar aonde você deseja, não permita que seus medos ou a opinião dos outros defina seus resultados por achar que é seu destino.

Faça um favor para si mesmo, torne seus sonhos realidade, mas para isso é preciso ter coragem para mudar o que precisa ser mudado em nosso íntimo, só assim será possível avançar para a próxima fase no game da vida.

Mensagem da autora para o leitor

Que este livro se torne uma luz de clareza mental na sua caminhada. E que esta luz ilumine a direção que é preciso seguir para alcançar os sonhos secretos do coração e viver uma vida plena com paz interior, alegria e em glória.

Por Caren Fernanda Muraro

Referências

BELLANCA, James; BRANDT, Ron et al. *21st century skills*: rethinking how students learn. United States: Solution Tree Press, 2010.

CAMILLO, Cíntia Moralles. *Neurociência e a aprendizagem no ensino de ciências.* Research, Society and Development, v. 10, n. 6, p. e20510615721-e20510615721, 2021.

CAPRA, Fritjof; LUISI, Pier Luigi. *Visão sistêmica da vida*: uma concepção unificada e suas implicações filosóficas, políticas, sociais e econômicas. São Paulo: Cultrix, 2020.

CARVALHAL, André. *Moda com propósito*: manifesto pela grande virada. São Paulo: Paralela, 2016.

CASCIO, Jamais. *Facing the age of chaos*. Medium, 2020. Disponível em: <https://medium.com/@cascio/facing-the-age-of-chaos-b00687b1f51d>. Acesso em: 2 dez. 2022.

EEP Escola de Educação Permanente Fmusp. 2019. *Estudos sobre Mindfulness levam a descobertas sobre a meditação*. Disponível em: <https://eephcfmusp.org.br/portal/online/meditacao-mindfulness/>.

ELORZA, Telma. O londrinense. 2022. *O que podemos aprender com Jesus e seu legado de gestão e liderança*. Disponível em: <https://olondrinense.com.br/o-que-podemos-aprender-com-Jesus-e-seu-legado-de-gestao-e-lideranca/>. Acesso em: 18 ago. 2023.

ESTUDOS DE CÉLULAS. *Ensinamentos das palavras de Jesus*. 2018. Sete características da liderança de Jesus. Disponível em: <https://www.estudosdecelulas.com.br/sete-caracteristicas-da-lideranca-de-Jesus/>. Acesso em: 17 ago. 2023.

GARDENSWARTZ, Lee; CHERBOSQUE, Jorge; ROWE, Anita. *Emotional intelligence for managing results in a diverse world*: the hard truth about soft skills in the workplace. California, 2008.

GARDNER B.; LALLY P.; WARDLE J. Making health habitual: the psychology of 'habit-formation' and general practice. Br J Gen Pract. 2012 Dec; 62(605):664-6. doi: 10.3399/bjgp12X659466. PMID: 23211256; PMCID: PMC3505409.

GOLEMAN, Daniel. *Liderança*: o poder da inteligência emocional. More Than Sound LLC, 2021.

GOLEMAN, Daniel. *Inteligência emocional:* a teoria revolucionária que redefine o que é ser inteligente. 2. ed. Rio de Janeiro: Objetiva, 2012, pp. 66-67-69.

GOLEMAN, Daniel; BOYATZIS, R. *A inteligência emocional possui 12 elementos.* Em qual você precisa trabalhar. Harvard Business Review, v. 84, n. 2, pp. 1-5, 2017.

GONÇALO, Rita; CRESPO, Fernanda Oliveira. *Sobre as competências emocionalmente inteligentes e o modelo de liderança de Jesus.* Revista Científica Multidisciplinar Núcleo do Conhecimento. Ano 05, Ed. 10, Vol. 09, pp. 129-148. Outubro de 2020. ISSN: 2448-0959. Disponível em: <https://www.nucleodoconhecimento.com.br/administracao/lideranca-de-Jesus>. Acesso em: 18 ago. 2023.

ISRAEL, Richard; NORTH, Vanda. Chi *Mental*: reprograme seu cérebro diariamente em apenas 8 minutos. São Paulo: DVS Editora, 2012.

JOSHI, Manmohan. Soft skills. [S. l.: s. n.]: bookboon.com, 2017.

LAKATOS, E. M.; MARCONI, M. A. *Metodologia do trabalho científico.* 4. ed. São Paulo: Atlas, 1992.

LEVASSEUR, Robert E. *People skills*: developing soft skills — a change management perspective. Interfaces, v. 43, n. 6, pp. 566-571, 2013.

LIEBERMAN, Bruce. *Peering into the meditating mind. Knowable Magazine.* 2019. Disponível em: <https://knowablemagazine.org/article/mind/2018/peering-meditating-mind?fbclid=IwAR01KR9txmDVW24Bljz-3QIowO3nlHFxEys8TzlMeEqazHiQ1Arv6B6G5haY>.

MACKEY, John; SISODIA, Raj. *Capitalismo consciente*: como libertar o espírito heroico dos negócios. Rio de Janeiro: Alta Books, 2018.MEISTER, Jeanne C. Como as empresas estão usando a RH para desenvolver as habilidades pessoais dos funcionários. Harvard Business Review [on-line], [s. l.], 2021. Disponível em: <https://hbr.org/2021/01/how-companies-are-using-vr-to-develop-employees-soft-skills?language=pt>.

SARAIVA, Maria Laura. *5 dicas para atingir o estado de flow, o ápice da produtividade.* Forbes, 2021. Disponível em: <https://forbes.com.br/carreira/2021/08/5-dicas-para-atingir-o-estado-de-flow-o-apice-da-produtividade/>.

SOUZA, Pâmela. *Entenda melhor sobre as emoções humanas e seus estímulos principais.* Voitto. 2020. Disponível em: <https://www.voitto.com.br/blog/artigo/ciencia-das-emocoes>. Acesso em: 15 dez. 2022.

ULTIMATOONLINE. *Jesus, modelo de liderança.* Disponível em: <https://ultimato.com.br/sites/estudos-biblicos/assunto/etica/Jesus-modelo-de-lideranca/>. Acesso em:17 ago. 2023.

Faça sua reflexão

Problemas?

Como reagi?

O que senti?

Quais foram as consequências?

Como eu gostaria de ter reagido?

Qual mudança minha é necessária?